FRITZ OSSENBÜHL

Grundfragen zum Rechtsstatus der Freien Sparkassen

Schriften zum Öffentlichen Recht

Band 367

Grundfragen zum Rechtsstatus der Freien Sparkassen

Von

o. Prof. Dr. iur. Fritz Ossenbühl
Universität Bonn

DUNCKER & HUMBLOT / BERLIN

Alle Rechte vorbehalten
© 1979 Duncker & Humblot, Berlin 41
Gedruckt 1979 bei Buchdruckerei A. Sayffaerth - E. L. Krohn, Berlin 61
Printed in Germany
ISBN 3 428 04515 7

Vorwort

Die vorliegende Abhandlung stellt die Fassung eines Rechtsgutachtens dar, das der Unterzeichnete für die Frankfurter Sparkasse von 1822 erstattet hat.

Die Publizierung in einer Schriftenreihe für öffentliches Recht rechtfertigt sich namentlich aus zwei Gründen: Zum einen wirft der Rechtsstatus der Freien Sparkassen grundlegende Probleme der Abgrenzung zwischen dem hoheitlichen Betätigungsraum der öffentlichen Hand und dem Bereich privater Initiative und Gestaltungsfreiheit auf, die aktuelle Grundfragen des öffentlichen Rechts betreffen. Als freie Sparkasse bildet die Frankfurter Sparkasse von 1822 nur ein Exempel für die Institution der Freien Sparkasse schlechthin. Die Ergebnisse dieser Abhandlung sind deshalb, soweit nicht landesrechtliche Besonderheiten bestehen, durchweg verallgemeinerungsfähig. Die Abgrenzung der Wirkungsräume zwischen den Freien und den kommunalen Sparkassen wiederum kann weithin als exemplarisch für die Abschichtung und Trennung privater und hoheitlicher Agenden betrachtet werden. — Zum andern wird die Disziplin des öffentlichen Rechts mit dem Rechtsstatus der Freien Sparkassen durch eine Reihe von Prozessen konfrontiert, die derzeit vor mehreren Instanzen der Verwaltungsgerichtsbarkeit schweben. Soweit bereits einschlägige Urteile vorliegen, zeigen sie ein erhebliches Grundlagendefizit, das in vielen Fällen unvertretbare Fehleinschätzungen verursacht hat. Die vorliegende Darstellung hat den Zweck, dieses Grundlagendefizit zu beheben.

Bonn, im Juni 1979   Fritz Ossenbühl

Inhaltsverzeichnis

Sachverhalt

I. Erste Charakterisierung der Freien Sparkassen 11

II. Konfliktfälle und Fragestellungen 12

Erster Teil

**Ist nach geltendem Recht das Regionalprinzip
auf die Frankfurter Sparkasse von 1822 anwendbar?**

I. *Das Regionalprinzip im Sparkassenwesen* 14

   1. Sinn und Bedeutung 14

   2. Rechtliche Grundlagen 15

      a) Positivrechtliche Grundlagen 15

      b) Sonstige Ableitungszusammenhänge 16

   3. Geltungskraft und Geltungsintensität 17

      a) Normative Durchbrechungen 17

      b) Grundsätzlich ablehnende Stimmen 18

         aa) Gesetzgebung 19

         bb) Rechtsprechung 20

         cc) Schrifttum 21

   4. Ergebnis zu I. 22

II. *Unanwendbarkeit des Regionalprinzips auf die Freie Sparkasse
nach dem Hessischen Sparkassengesetz* 22

   1. Grundlage des Regionalprinzips im Hessischen Sparkassenwesen 23

   2. Unanwendbarkeit auf die Freien Sparkassen 23

   3. Anhang: Keine Präjudizierung durch Gerichtsurteile betreffend das Sparkassenwesen in Schleswig-Holstein 25

   4. Keine Geltung des Regionalprinzips kraft Mitgliedschaft im Hessischen Sparkassen- und Giroverband 26

III. *Zur analogen Anwendung des Regionalprinzips auf die Freien Sparkassen* 27

   1. Zur Struktur der Rechtsfigur der Analogie 28

2. Zum Problem der Gesetzeslücke	29
3. Zur „Rechtsähnlichkeit" (Vergleichbarkeit)	32

IV. *Fehlschluß von der Wahrnehmung „öffentlicher Aufgaben" auf den Rechtsstatus der Freien Sparkassen* ... 33

1. Befund ... 33
2. Aufgabenkategorien und ihr verfassungstheoretischer Hintergrund ... 34
3. Erfüllung öffentlicher Aufgaben durch Staat, Kommunen und Gesellschaft ... 36
4. Umwandlung von öffentlichen in staatliche Aufgaben ... 38
5. Ergebnis ... 41

V. *Keine Zugehörigkeit der Freien Sparkassen zur „mittelbaren Staatsverwaltung"* ... 42

1. Relevanz der Fragestellung ... 42
2. Entstehung und Begriff der mittelbaren Staatsverwaltung ... 43
3. Sinn und Zweck der Begriffsbildung ... 45
4. Kennzeichen mittelbarer Staatsverwaltung ... 46
   a) Aufgabenbereich ... 46
   b) Organisationsform ... 47
   c) Anbindung durch Staatsaufsicht ... 48
5. Ergebnis ... 49

VI. *Zur Staatsaufsicht über kommunale und Freie Sparkassen* ... 50

1. Tatsächlicher Befund ... 50
2. Fragestellungen ... 51
3. Staatsaufsicht und Aufsichtsmaßstab ... 52
4. Staatsaufsicht als Analogiestütze ... 53
   a) Sinn, Funktion und Formen der Staatsaufsicht ... 53
   b) Anwendung und Unterscheidungen ... 55
   c) Ergebnis ... 58

VII. *Zum Argument: Gleichbehandlung zur Vermeidung einer Wettbewerbsverzerrung* ... 59

1. Argumentationsansatz ... 59
2. Regionalprinzip und Wettbewerbsverbot (Konkurrenzschutz) .. 59
3. Zusätzliche Überlegungen ... 61
4. Ergebnis ... 63

Inhaltsverzeichnis

VIII. *Zum Argument: Gleichbehandlung wegen Gleichheit der Privilegien* ... 63

   1. Argumentationsansatz 63

   2. Zur sog. Mündelsicherheit 64
      a) Begriff und Bedeutung 64
      b) Mündelsicherheit als Analogiestütze 65
      c) Ergebnis 66

   3. Zu den Steuerprivilegien 67
      a) Befund und Fragestellung 67
      b) Steuerprivilegien und Regionalprinzip 68
      c) Ergebnis 71

   4. Negativposten: Fehlen einer Gewährträgerschaft bei den Freien Sparkassen 72
      a) Argumentationsansatz 72
      b) Gewährträgerhaftung und Anstaltslast 73
      c) Bedeutung der Gewährträgerhaftung im Wettbewerb 74
      d) Gewährträgerhaftung und Regionalprinzip 75

IX. *Geltung des Regionalprinzips kraft rechtlicher Selbstbindung?* ... 76

   1. Fragestellung 76

   2. Aussagen der Satzung der Frankfurter Sparkasse von 1822 77
      a) Keine ausdrückliche grundsätzliche Aussage zur Geltung des Regionalprinzips 77
      b) Argument aus der Entwicklungsgeschichte der Satzungen ... 78
      c) Zwischenergebnis 79

   3. Zusatzerwägungen 80

X. *Gesamtergebnis des Ersten Teils* 80

Zweiter Teil

Kann der Gesetzgeber die Frankfurter Sparkasse von 1822 durch Gesetzesänderung den kommunalen Sparkassen gleichstellen, sie insbesondere dem Regionalprinzip unterwerfen?

I. *Präzisierung der Fragestellung — Legislative Gestaltungsfreiheit und verfassungsrechtliche Bindungen* 84

II. *Kompetenzrechtliche Probleme* 85

   1. Fragestellung 85

   2. Zuständigkeit des Bundes im Sparkassenwesen 86

   3. Begrenzungen der Bundeskompetenz 87
      a) Begrenzung durch die Landesgesetzgebungskompetenz im Kommunalrecht 87
      b) Begrenzung durch die Bedürfnisklausel 89

10 Inhaltsverzeichnis

    4. Kritik abweichender Ansichten der Rechtsprechung 90

    5. Ergebnis 92

III. *Verletzung von Grundrechten* 92

    1. Präzisierung des Rechtsproblems 92
       a) Kreis der betroffenen Grundrechtspositionen 92
       b) Frankfurter Sparkasse von 1822 als Grundrechtsträgerin 94

    2. Verstoß gegen Art. 14 GG 96
       a) Doppelter Eigentumsschutz — Enteignungsschutz und Entschädigung 96
       b) Die als Eigentum geschützte Rechtsposition der Frankfurter Sparkasse von 1822 97
       c) Zur Zulässigkeit einer Enteignung 98
       d) Zwischenergebnis 103
       e) Entschädigung 103

    3. Verstoß gegen Art. 12 GG 103
       a) Das Entscheidungsschema des Bundesverfassungsgerichts — Skizzierung der sog. Dreistufentheorie 103
       b) Das Regionalprinzip als Beschränkung der Berufswahl 105
       c) Das Regionalprinzip als objektive Zulassungsbeschränkung .. 109
       d) Folgerungen 109
       e) Hilfserwägung: das Regionalprinzip als Regelung der Berufsausübung 110
       f) Mißachtung des Grundsatzes der Verhältnismäßigkeit 111
       g) Ergebnis 112

IV. *Verletzung des Gleichheitssatzes gemäß Art. 3 Abs. 1 GG* 112

    1. Rechtscharakter des Gleichheitssatzes 113
       a) Der Gleichheitssatz als Grundrecht 113
       b) Der Gleichheitssatz als allgemeiner Verfassungsgrundsatz .. 114

    2. Inhalt und Anwendung des Gleichheitssatzes 114
       a) Gleichheitssatz als Willkürverbot 114
       b) Konkretisierende Ausprägungen des Gleichheitssatzes 115
       c) Systemgerechtigkeit als Gleichheitsgebot 116
       d) Anwendung 117
          aa) Gleichstellung von kommunalen und Freien Sparkassen als Verstoß gegen das Willkürverbot 117
          bb) Verletzung der Systemgerechtigkeit 117
          cc) Herstellung neuer Ungleichheit 118

    3. Ergebnis 118

V. *Gesamtergebnis des Zweiten Teils* 118

Sachverhalt

I. Erste Charakterisierung der Freien Sparkassen

Man kann erfahrungsgemäß nicht ohne weiteres davon ausgehen, daß die Freien Sparkassen eine allgemein bekannte Erscheinung darstellen, bei der sich eine nähere Vorstellung erübrigt. Einer solchen ersten flüchtigen Vorstellung dient der erste Abschnitt. Man kann sie kaum prägnanter vollziehen, als es die Deutsche Bundesbank in ihrem Monatsbericht vom Juli 1964 getan hat. Dort heißt es wie folgt:

„Die Freien Sparkassen sind die ursprüngliche Form der Sparkassen. Da die meisten Sparkassen bereits im 19. Jahrhundert kommunalisiert wurden, hielten sich Freie Sparkassen nur in einigen Bereichen der Bundesrepublik, nämlich in Bremen, Hamburg, Frankfurt (Main) und Stuttgart sowie im Land Schleswig-Holstein.

Zu der bemerkenswerten Position der privaten Sparkassen in Bremen, Hamburg, Lübeck und Frankfurt (Main) mag beigetragen haben, daß die Bürgerschaft in diesen Städten mehr als andernorts bereit war, aus eigener Initiative gemeinnützige Aufgaben zu übernehmen, deren Lösung in anderen Gemeinwesen von den Gemeindeverwaltungen übernommen wurde.

Die Freien Sparkassen unterscheiden sich von den kommunalen Sparkassen durch die Rechtsform und durch ihre Unabhängigkeit von den Kommunen.

Zum einen sind sie juristische Personen des bürgerlichen Rechts, also nicht öffentlich-rechtliche Körperschaften, zum anderen besitzen sie keinen kommunalen Gewährträger und sind weder verwaltungsmäßig noch organisatorisch mit den Kommunen enger verbunden.

Bei 14 der insgesamt 15 privaten Sparkassen treten sämtliche der genannten Merkmale auf; bei der Württembergischen Landessparkasse handelt es sich dagegen um eine Anstalt des öffentlichen Rechts.

Die Freien Sparkassen haben — abgesehen von einem kleinen Institut, das als Aktiengesellschaft tätig ist — die Rechtsform einer Stiftung (6 Sparkassen) oder eines Vereins des bürgerlichen Rechts (7 Sparkassen).

Während Rahmen und Bedingungen der Geschäftstätigkeit der öffentlich-rechtlichen Sparkassen durch die auf Landesebene erlassenen Sparkassengesetze bestimmt sind, gelten diese Spezialgesetze — von Ausnahmen abgesehen — für die Freien Sparkassen nicht. Besondere Rechtsvorschriften im Rahmen von Ländergesetzen bestehen insbesondere nicht für die großen privaten Sparkassen in Hamburg, Bremen und Frankfurt (Main). Im übrigen unterliegen auch die Freien Sparkassen — außer der nach dem Gesetz für das Kreditwesen für alle Bankengruppen obligatorischen Bankenaufsicht — einer Staatsaufsicht, der sie sich aufgrund eigener Satzungsbestimmungen unterstellt haben."

Im einschlägigen juristischen Fachschrifttum findet man inzwischen wohl eine anschwellende Literatur zum *kommunalen* Sparkassenwesen. Demgegenüber sind die Aussagen zur Rechtsstellung der Freien Sparkassen relativ spärlich. Bislang existierte nur eine Monographie neueren Datums. Es ist die Hamburger Dissertation von *Günter E. H. Stolzenburg* über das Thema „Die rechtliche Sonderstellung der Freien Sparkassen im deutschen Sparkassenwesen" aus dem Jahre 1956. Neuerdings ist eine zweite Dissertation von *Wolfgang Schmitt-Wellbrock* (Frankfurt) zu dem Thema „Zur Rechtsstellung der freien Sparkassen als freigemeinwirtschaftliche Unternehmen unter besonderer Berücksichtigung der Frage nach der Geltung des Regionalprinzips" vorgelegt worden. Sie stammt aus dem Jahre 1978. Die Dissertation von *Schmitt-Wellbrock* hat den Vorzug, daß sie das Thema sehr stark aus der historischen Perspektive entwickelt und mit dem Gedanken des gemeinwirtschaftlichen Unternehmens verbindet. Der Verfasser kommt demzufolge durchweg zu Ergebnissen, die von mir geteilt werden. Andererseits bedürfen die Ausführungen von *Schmitt-Wellbrock* der Ergänzung, weil der Vergleich zwischen den kommunalen und den Freien Sparkassen insbesondere unter staatsorganisatorischen Gesichtspunkten in der Rechtsprechung eine maßgebliche Rolle zu spielen scheint.

II. Konfliktfälle und Fragestellungen

Die Freien Sparkassen sind in den letzten Jahren in das Blickfeld der Gerichte und der Jurisprudenz gerückt, weil sie bei der Errichtung neuer Zweigstellen in Konkurrenz zu den vorhandenen kommunalen Sparkassen geraten, die ihnen unter Berufung auf das sog. Regionalprinzip das Recht zur Errichtung von Zweigstellen im Geschäftsbereich anderer kommunaler Sparkassen streitig machen wollen.

So hat die Hamburger Freie Sparkasse mehrfach versucht, ihr Zweigstellennetz über die Hansestadt hinaus auf das Land Schleswig-Holstein auszudehnen, ist dabei aber auf den Widerstand der zuständigen Behörden und der Verwaltungsgerichte gestoßen. Freilich muß hier schon angemerkt werden, daß die in Sachen der Hamburger Sparkasse ergangenen Urteile der Verwaltungsgerichtsbarkeit in Schleswig-Holstein wegen der besonderen Rechtslage in diesem Lande nicht als exemplarisch gelten können.

Weiterhin errichtete die Frankfurter Sparkasse von 1822 eine Zweigstelle in Bad Vilbel, die am 1. September 1977 eröffnet wurde. Gegen diese Zweigstellenerrichtung hat sich im Klagewege die Kreissparkasse Friedberg gewandt, zu deren Geschäftsgebiet Bad Vilbel gehört.

Sachverhalt

Die vorstehenden Konfliktfälle zeigen deutlich, daß die aktuelle Problematik der Rechtsstellung der Freien Sparkassen deren Verhältnis zu den kommunalen Sparkassen betrifft, insbesondere die Frage, ob die Freien Sparkassen in ihrer Geschäftstätigkeit durch das Regionalprinzip eingeschränkt sind.

Der Vorstand der Frankfurter Sparkasse von 1822 hat mich deshalb gebeten, zu folgenden Fragen gutachtlich Stellung zu nehmen:

1. Ist nach geltendem Recht das Regionalprinzip auf die Frankfurter Sparkasse von 1822 anwendbar?

2. Kann der Gesetzgeber die Frankfurter Sparkasse von 1822 durch Gesetzesänderung den kommunalen Sparkassen gleichstellen, sie insbesondere dem Regionalprinzip unterwerfen?

Erster Teil

Ist nach geltendem Recht das Regionalprinzip auf die Frankfurter Sparkasse von 1822 anwendbar?

I. Das Regionalprinzip im Sparkassenwesen

1. Sinn und Bedeutung

„Das sparkassenrechtliche Regionalprinzip besagt nicht mehr und nicht weniger, als daß der Geschäftsbereich einer kommunalen Sparkasse grundsätzlich auf das Gebiet ihres Gewährträgers beschränkt ist, also nicht über die Grenzen des Muttergemeinwesens hinausreicht[1]." Das Regionalprinzip im Sparkassenwesen stellt demnach „einen Hauptanwendungsfall par excellence für einen Zuständigkeitsgrundsatz dar, der in kommunal-(verfassungs)rechtliche Ableitungszusammenhänge

---

[1] *OVG Lüneburg*, Sparkasse 1970, 157; die vorstehende Deutung des Regionalprinzips im Sparkassenwesen steht sowohl in Rechtsprechung wie im Schrifttum außer Streit; vgl. beispielsweise aus der Rechtsprechung: *OVG Münster*, Sparkasse 1966, 143 (152) = DVBl. 1966, 342; *HessVGH*, Sparkasse 1966, 342 f. = ESVGH 16, 151 (153 ff.); *VGH Baden-Württemberg*, Sparkasse 1968, 389 f.; *OVG Lüneburg*, Sparkasse 1970, 157 f.; DÖV 1978, 98; Urteil vom 9. 12. 1975 — V OVG 70/74 — Urteilsausfertigung S. 30 (unveröffentlicht); BFHE 110, 287 (292); *BayVGH* n. F. 22, 98 (105 f.); Sparkasse 1970, 94; *VG Schleswig* JR 1975, 392; aus dem Schrifttum: *Klaus Stern*, Die kommunalen Sparkassen im Lichte der Rechtsprechung der Verwaltungsgerichtsbarkeit, Sonderdruck aus der Festschrift Sparkassenakademie, 50 Jahre Lehrinstitut, 1978, S. 23 ff.; *Nierhaus*, Sparkassen und kommunale Gebietsreform, VerwArch 67 (1976), S. 266 ff. (273 ff.); *Stern/Nierhaus*, Rechtsfragen der Neuordnung des Sparkassenwesens als Folge kommunaler Neugliederung, 1976, S. 11 ff.; *Rothardt*, Die Sparkassen in der kommunalen Gebietsreform, 1972, S. 55, 75 ff.; *Brzoska*, Die öffentlich-rechtlichen Sparkassen zwischen Staat und Kommunen. Zum Standort der Sparkassen unter besonderer Berücksichtigung des sparkassentypischen Regionalprinzips, 1976, S. 26 ff.; *Dirk Schmidt*, Das Regionalprinzip im Sparkassenwesen, insbesondere die Errichtung von Zweigstellen der Kreissparkassen im Gewährträgerbereich kreisangehöriger Gemeinde- und Amtssparkassen, VerwArch 51 (1960), S. 315 ff.; *Klaus Köhler*, Die Beschränkungen des Wirkungsbereiches der kommunalen Sparkassen durch die horizontale und vertikale Kommunalgliederung in Nordrhein-Westfalen. Zum Regional- und Subsidiaritätsprinzip im Sparkassenwesen, 1969; *Dirk Schmidt*, Zum Regional- und Subsidiaritätsprinzip im Sparkassenrecht, Sparkasse 1962, 181.

eingebunden ist"[2]. Im Grunde enthält das Regionalprinzip die „Selbstverständlichkeit", daß eine Verwaltung nur in den ihr zugehörigen Grenzen tätig werden darf.[3] Im Gegensatz zum Subsidiaritätsprinzip grenzt das Regionalprinzip die räumlichen Wirkungsbereiche der Sparkassen in der horizontalen Ebene, also zwischen Kreisen und kreisfreien Städten, voneinander ab. Es soll gewährleisten, daß „nach dem Grundmuster der Einräumigkeit der Verwaltung eine grundsätzlich überschneidungslose Gliederung der Verwaltungszuständigkeiten" garantiert ist.[4]

Als horizontales Gliederungsprinzip und als Kompetenznorm enthält das Regionalprinzip drei normative Komponenten:

Erstens impliziert es ein *Expansionsverbot* an die kommunalen Sparkassen und ihre Gewährträger, ihre sparkassenmäßige Aktivität über den eigenen Zuständigkeitskreis auszudehnen.

Zweitens enthält das Regionalprinzip als Kehrseite des Expansionsverbotes eine *Schutzgarantie* zugunsten der in ihrem Zuständigkeitsbereich gestörten Sparkassen und ihrer Gewährträger, welche sie davor bewahren soll, daß ihre Leistungsfähigkeit durch die Eröffnung von Zweigstellen anderer kommunaler Sparkassen gefährdet wird.[5]

Drittens schließt das Regionalprinzip aber auch den *Grundsatz der Deckungsgleichheit (Kongruenz) von Gewährträger- und Geschäftsgebiet* ein.[6]

Ob und welche Folgerungen sich aus dieser dritten Komponente ergeben können, bedarf hier keiner weiteren Vertiefung.[7]

2. Rechtliche Grundlagen

a) Positivrechtliche Grundlagen

Zum Teil findet das Regionalprinzip in den Sparkassengesetzen der Länder seinen normativen Niederschlag. Dies geschieht mit unterschiedlicher Deutlichkeit. So heißt es beispielsweise in § 1 Abs. 2 Satz 1 des Sparkassengesetzes für das Land Nordrhein-Westfalen: „Die Sparkassen können im Gebiet ihres Gewährträgers Haupt- und Zweigstellen

---

[2] *Stern*, Festschrift Sparkassenakademie, S. 23.
[3] So *OVG Münster*, Sparkasse 1966, 148 (152) = DVBl. 1966, 342 (344) mit Anm. *Wagener*.
[4] Vgl. *Stern*, Festschrift Sparkassenakademie, S. 23; *Püttner* DÖV 1977, 573.
[5] Vgl. *OVG Lüneburg*, Sparkasse 1973, S. 34 (35).
[6] Vgl. *Nierhaus*, Sparkassen und kommunale Gebietsreform, VerwArch 67 (1976), 266 (273); *OVG Münster*, Sparkasse 1966, 148 (152) = DVBl. 1966, 342 (344); *VG Schleswig* JR 1975, 389 (392).
[7] Dazu *Nierhaus*, wie vorige Fußnote.

errichten." Dies ist eine klare Aussage über den örtlichen Wirkungskreis. Daneben gibt es andere sparkassenrechtliche Bestimmungen etwa über die Aufgaben der Sparkassen (z. B. Befriedigung des *örtlichen* Kreditbedürfnisses)[8] oder über die Neugliederung des Sparkassenwesens im Anschluß an die kommunale Gebietsreform, die ohne weiteres den Schluß zulassen, daß der Sparkassengesetzgeber das Regionalprinzip als organisatorische Fundamentalnorm der Gliederung des kommunalen Sparkassenwesens betrachtet.[9]

b) Sonstige Ableitungszusammenhänge

Wie schon erwähnt ist die Geltung des Regionalprinzips nach der Formulierung des *OVG Münster* eine „Selbstverständlichkeit". Weil dies so ist und auch von den Gerichten so empfunden wird, sind die Ausführungen, die die Gerichte auf die rechtlichen Fundamente des Regionalprinzips verwenden, nicht allzu breit angelegt. Andererseits sind sie aber klar genug, um den rechtssystematischen Umkreis und Zusammenhang deutlich hervortreten zu lassen, in welchem das Regionalprinzip gesehen werden muß. Diese Zusammenhänge sind auch für die hier gestellte und zu beantwortende Frage nach der Anwendbarkeit des Regionalprinzips auf die Freien Sparkassen aufschlußreich und erhellend. Sie bedürfen deshalb der näheren Betrachtung.

Schon frühzeitig hat der *Hessische Verwaltungsgerichtshof* die rechtliche Verankerung des Regionalprinzips aufgezeigt.[10] Danach ergibt sich das Regionalprinzip der Sparkassen „einmal aus den Kompetenzbeschränkungen des Gemeindeverfassungsrechts und zum anderen aus dem Anstaltsrecht, insbesondere aus dem von der Rechtsprechung und Rechtslehre entwickelten Wirkungskreis der Anstalt". Die kommunalen Sparkassen sind als „rechtlich selbständig organisierte Teile der Kommunalverwaltung" der sog. mittelbaren Kommunalverwaltung zugehörig. Als „Instrumente" ihres Muttergemeinwesens können sie keinen Zuständigkeitsbereich haben, der über den ihrer Trägerkommunen hinausgeht. — Ganz auf derselben Linie liegen die Ausführungen des *OVG Lüneburg* in einer jüngeren Entscheidung aus dem Jahre 1977.[11] Das Gericht geht davon aus, daß das Regionalprinzip als ungeschriebener Rechtsgrundsatz auch dort zur Anwendung kommt, wo er in dem positivrechtlichen Sparkassenrecht keinen unmittelbaren normativen Niederschlag findet. Die tiefere Begründung hierfür findet das Gericht ebenso wie der *Hessische Verwaltungsgerichtshof* im allgemeinen Kommunal- und Anstaltsrecht. Als „Einrichtungen der mittelbaren Kommu-

---

[8] Vgl. etwa Art. 2 Abs. 1 SpkGBay.
[9] z. B. §§ 32, 33 SpkG NW; § 16a Abs. 2 HessSpkG.
[10] *HessVGH* ESVGH 16, 151 ff. = Sparkasse 1966, 342 ff.
[11] *OVG Lüneburg* DÖV 1978, 98 f.

nalverwaltung" seien die kommunalen Sparkassen trotz ihrer organisatorischen und rechtlichen Verselbständigung „ihrem Muttergemeinwesen eng verhaftet geblieben". Die unmittelbar aus dem Wesen einer Gebietskörperschaft sich ergebende räumliche Kompetenzbeschränkung wirke sich bei der zugehörigen öffentlich-rechtlichen Sparkasse grundsätzlich entsprechend als eine Beschränkung des anstaltlichen Wirkungs- und Geschäftskreises auf den Raum des Gewährträgers der betreffenden Sparkasse aus.

Diese Ableitungen fügen sich vollständig in die allgemeine Erkenntnis ein, nach der „das Regionalprinzip eine Sonderform des im Recht der juristischen Personen des öffentlichen Rechts wenigstens im hoheitlichen Bereich geltenden Grundsatzes (darstellt), daß die hoheitlichen Befugnisse einer juristischen Person nicht weiter reichen können als die des politischen Gemeinwesens, von dem die juristische Person ihren öffentlich-rechtlichen Status ableitet; ein Satz, der selbst wiederum seinen Ursprung in der Wendung findet: nemo plus iuris transferre potest quam ipse habet"[12].

Dem entspricht die dem allgemeinen Verwaltungsrecht zugehörige anerkannte Regel, daß eine juristische Person, die über ihren Wirkungskreis hinausgeht, also „ultra vires" handelt, das Recht verletzt.[13]

3. Geltungskraft und Geltungsintensität

Wenn auch das Regionalprinzip im Sparkassenwesen nach seinem Sinn und Inhalt leicht zu erfassen ist und seine rechtliche Fundierung unangefochten erscheinen mag, so ist doch nicht zu übersehen, daß sich vielfältige Tendenzen aufzeigen lassen, die die Geltungskraft und Geltungsintensität des Regionalprinzips im Sparkassenwesen abschwächen, wenn nicht sogar grundsätzlich in Frage stellen.

a) Normative Durchbrechungen

Nach dem Zeugnis einiger Verwaltungsgerichte ist das Regionalprinzip von vornherein in seiner Geltungskraft normativ beschränkt.[14] Dieser Befund wird durch zwei Argumente gestützt. Zum einen wird auf die in vielen Ländern vorgesehenen Möglichkeiten einer „geschäftsrechtlichen" Durchbrechung des Regionalprinzips hingewiesen. Danach

---

[12] *Werner Weber*, zitiert nach *Rothe*, in: Der Städtebund, 1970, 283 (285); das Gutachten von *Weber* ist nicht veröffentlicht.
[13] Vgl. *BVerwGE* 34, 69; *BGHZ* 20, 119; *Wolff/Bachof*, Verwaltungsrecht I, 9. Aufl., § 34 I b 2.; *Ernst-Werner Fuß*, Die Überschreitung des Wirkungskreises juristischer Personen des öffentlichen Rechts, DÖV 1956, 566 ff.; *Eggert*, Die deutsche ultra-vires-Lehre, 1977.
[14] Vgl. z. B. *VGH Baden-Württemberg*, Sparkasse 1968, 388; *OVG Münster*, Sparkasse 1966, 148 (152); *HessVGH* ESVGH 16, 151; *VG Freiburg*, Sparkasse 1967, 44 (45 f.).

können die Sparkassen unter bestimmten Voraussetzungen und in bestimmten Formen mit Zustimmung der Aufsichtsbehörde ihren Geschäftsbereich über den Raum ihres Gewährträgers hinaus erweitern. Überdies wird geltend gemacht, daß eine gebietsmäßige Beschränkung für das Passivgeschäft der Sparkasse generell nicht existiert und darüber hinaus auch für das Aktivgeschäft keine absolute Geltung beanspruchen kann.[15]

Zum anderen wird besonders betont, daß mehrere Sparkassengesetze der Länder ausdrücklich die Errichtung von Zweigstellen außerhalb des Gewährträgergebietes zulassen, sofern bestimmte Voraussetzungen erfüllt sind. In diesen Zusammenhang gehört auch die Fortführung von Zweigstellen in fremdem Gewährträgergebiet, die unter dem rechtlichen Gesichtspunkt des Bestandsschutzes für zulässig erachtet wird[16]. Im Hessischen Sparkassengesetz wurde die aus dem Gedanken des Bestandsschutzes folgende Status-quo-Garantie aus § 1 Abs. 3 Satz 1 SpkG abgeleitet. Sie besagt, daß die Sparkassen in den Gebieten, die außerhalb ihres Gewährträgerbereichs liegen und in denen sie am 1. Januar 1955 (Inkrafttreten des Sparkassengesetzes von 1954) bereits eine Geschäftstätigkeit entfaltet hatten (sog. Übergreifungsgebiete), auch weiterhin ihre Geschäfte fortführen dürfen.[17]

Überdies sieht § 1 Abs. 3 Satz 2 HessSpkG die Möglichkeit vor, mit Zustimmung der obersten Aufsichtsbehörde eine Zweigstelle außerhalb des Gebietes eines Gewährträgers oder im Gebiet des Gewährträgers einer anderen Sparkasse zu errichten.

b) Grundsätzlich ablehnende Stimmen

Die vorstehenden skizzierenden Hinweise zeigen schon, daß die Einbindung der Sparkassen als kommunale Anstalten in den kommunalverfassungsrechtlichen Zuständigkeitszusammenhang gewisse Probleme mit sich bringt. Solche Probleme resultieren aus einem Zwiespalt zwischen der sparkassenrechtlichen Gesetzeslage und der Sparkas-

---

[15] Vgl. im einzelnen die Darstellung bei *Thomas Brzoska*, Die öffentlich-rechtlichen Sparkassen zwischen Staat und Kommunen. Zum Standort der Sparkassen unter besonderer Berücksichtigung des sparkassentypischen Regionalprinzips, 1976, S. 30 ff.; ferner *Peter Weides*, Sparkasse und kommunale Gebietsänderungen, Städte- und Gemeinderat 1978, 85 ff. (89 ff.).

[16] Vgl. dazu *HessVGH* ESVGH 16, 151; *OVG Lüneburg* DÖV 1978, 98; krit. *Stern/Nierhaus*, Rechtsfragen der Neuordnung des Sparkassenwesens als Folge kommunaler Neugliederung, 1976, S. 30.

[17] Vgl. *Schlierbach*, Kommentar zum Hessischen Sparkassengesetz, 2. Aufl. 1971, S. 106; die Neufassung des § 1 durch die zweite Novelle zum Sparkassengesetz vom 12. Dezember 1972 (GVBl. 1973 I S. 16 ff.) hat daran nichts geändert.

sen- und Bankenwirklichkeit. Die Zugehörigkeit der kommunalen Sparkassen zum kommunalen Bereich und ihre funktionelle und institutionelle Einbindung in die kommunale Selbstverwaltung mit allen sich daraus ergebenden rechtlichen Konsequenzen ist allerdings bis in die Gegenwart von Rechtsprechung und Schrifttum immer wieder deutlich betont worden.[18] Andererseits ist freilich auch nicht zu übersehen, daß sich die kommunalen Sparkassen ungeachtet der Aufrechterhaltung ihres öffentlichen Auftrages, der nach wie vor in vollem Umfange besteht, im Laufe der Zeit zu ausgeprägten Bankinstituten entwickelt haben, die ihrerseits mit den Privatbanken in einem scharfen Wettbewerb stehen. Auch im Selbstverständnis der Sparkassen überwiegt die Einschätzung als selbständiges, im Wettbewerb stehendes Bankinstitut gegenüber der Charakterisierung als Anstalt, die in den kommunalen Organisationszusammenhang eingefügt ist.

Die Sparkassenpolitik der Aufsichtsbehörde und der Sparkassenverbände in Nordrhein-Westfalen geht, was vielleicht schlechthin symptomatisch sein dürfte, dahin, die im Anschluß an die kommunale Gebietsreform notwendig werdende Neugliederung des Sparkassenwesens als Chance zu nutzen, um mit dem Instrument des Sparkassenzweckverbandes durchweg zu größeren, das Regionalprinzip übergreifenden Zusammenschlüssen zu kommen, damit — so wird gesagt — die Wettbewerbsfähigkeit der kommunalen Sparkassen zu den Privatbanken gestärkt wird.

Man kann solche Befunde als Bestandsaufnahme registrieren. Die Frage aus juristischer Sicht ist die, ob sie auch zu einer Umorientierung der bisherigen rechtlichen Standortbestimmung der kommunalen Sparkassen führen oder gar zwingen. Eine solche neue Standortbestimmung hätte dann auch Konsequenzen für die Geltung des Regionalprinzips. Es gibt in der Tat sowohl in der Rechtsprechung wie auch im Schrifttum Stimmen, die einer abweichenden Deutung des Regionalprinzips das Wort reden.

aa) Gesetzgebung

Im deutschen Rechtsbereich sind derzeit keine Ansätze erkennbar, die auf eine radikale Umstrukturierung des Sparkassenwesens abzielen. Aufmerksamkeit verdient indessen in diesem Zusammenhang die kürzlich in Österreich eingebrachte Regierungsvorlage für ein neues Sparkassengesetz, in der die oben geschilderten Probleme deutlich zum Ausdruck gelangen und eine legislative Neuorientierung initiiert haben.[19]

---

[18] Vgl. z. B. BVerwG DVBl. 1972, 780 (781); DÖV 1973, 492; *Stern/Burmeister*, Die kommunalen Sparkassen, 1972.

[19] 843 der Beilagen zu den stenographischen Protokollen des Nationalrates XIV. GP; inzwischen ist die Regierungsvorlage Gesetz geworden (Gesetz ... vom 24. Januar 1979).

In der Begründung dieser Regierungsvorlage heißt es:

„In der modernen, international immer stärker verflochtenen Industriegesellschaft müssen die Sparkassen zur Sicherung ihrer Existenz von Wettbewerbsverzerrungen und Wettbewerbsbeschränkungen befreit sein und trotz ihrer besonderen Rechtsform über die gleichen Ausgangsvoraussetzungen im Aktiv- und Passivgeschäft verfügen wie alle übrigen Kreditunternehmungen."

Dieser Zielsetzung entspricht es, wenn in der Regierungsvorlage auch das Regionalprinzip verabschiedet wird. Hierzu findet sich folgende Begründung:

„Vor allem aus verfassungsrechtlichen, aber auch aus wettbewerbspolitischen Gründen wird, um allen Kreditunternehmungen ohne Rücksicht auf deren Rechtsform gleiche Standortvoraussetzungen zu schaffen, von der Kodifikation des viele Jahrzehnte in Österreich geübten, im Raum Wien allerdings bereits seit langem durchbrochenen Regionalitätsprinzips bzw. örtlichen Ausschließlichkeitsgrundsatzes Abstand genommen. Es besteht daher keine gesetzliche territoriale Einschränkung der Niederlassungsfreiheit für inländische Kreditunternehmungen."

bb) Rechtsprechung

Einen ähnlich radikalen Bruch mit der überkommenen Rechtslage hat in Deutschland, soweit ersichtlich, nur das *OVG Saarlouis* vorgenommen[20].

Das Gericht argumentiert dominierend aus der Entwicklung des Sparkassenwesens. Es betont, daß sich die Sparkassen im Laufe ihrer Geschichte hinsichtlich ihrer Rechtsstellung, ihres Aufgabenbereiches und insbesondere hinsichtlich ihrer Position zu ihren Muttergemeinwesen von der größtmöglichen Abhängigkeit bis zu einer weitgehenden Selbständigkeit emanzipiert hätten. „Bei zusammenfassender Betrachtung des historischen Entwicklungsganges hinsichtlich der rechtlichen Ausgestaltung der Sparkassen ist zu erkennen, daß der Wandel sowohl die innere Struktur und Organisation als auch die Aufgabenstellung, aber auch das Außenverhältnis zu Dritten ergriffen hat. Die Sparkassen der Gegenwart haben nur noch wenig Ähnlichkeit mit denen des beginnenden 19. Jahrhunderts." — Aus diesem Befund folgert das *OVG Saarlouis*, daß sich im kommunalen Sparkassenwesen ein „neuer Selbstverwaltungsbereich eigener Art" herausgebildet habe, für den ein eigener juristischer Normenkodex bestehe und der auch einer anderen Form der Staatsaufsicht unterliege als die Kommunen. Hieraus ergibt sich dann ohne weiteres die Folgerung, daß auch das Regionalprinzip seine Geltung einbüßen muß. Das Gericht weist in den Urteilsgründen darauf hin, daß dieses Prinzip im Laufe der Sparkassengeschichte stets Durchbrechungen erlitten habe und fährt dann fort: „Im

---
[20] *OVG Saarlouis* DÖV 1970, 610.

Zuge einer neuerdings angestrebten Verwaltungsreform in Kreisen und Ländern ist ohne Schwierigkeiten abzusehen, daß die Durchbrechung des Regionalprinzips die Regel, die Einhaltung des Prinzips die Ausnahme werden wird. Ungeachtet des Umstandes, daß oben bereits die Unanwendbarkeit des Regionalprinzips im Bereich des Sparkassenrechts aus anderen Gründen dargelegt worden ist, rechtfertigt sich seine Ablehnung auch schon deshalb, weil die Aufrechterhaltung eines Prinzips entgegen einer mehr als ein halbes Jahrhundert währenden Gebrauchsübung sinnwidrig und formalistisch wäre, wirtschaftliche und organisatorische Gründe gegen dasselbe sprächen und stichhaltige Gründe für seine Aufrechterhaltung nicht ersichtlich wären."

cc) Schrifttum

Ähnliche Stimmen lassen sich, wenn auch noch vereinzelt, im Schrifttum vernehmen.[21]

Soweit ersichtlich hat zuerst *Thieme* die These aufgestellt, daß die kommunalen Sparkassen einen eigenen Rechts- und Verwaltungsbereich bildeten, der selbständig neben dem Kommunalrecht stehe.[22]

Diese These ist in jüngster Zeit durch zwei ausführlichere Abhandlungen näher ausgeführt und begründet worden. Die Monographie von *Brzoska* sieht die Sparkassen in ihrer Standortbestimmung in einer Mittelstellung zwischen Staat und Kommunen. Die damit verbundene partielle Herauslösung aus dem kommunalen Bereich führt konsequenterweise auch zu einer Neuorientierung des Regionalprinzips, welches der Verfasser nicht als strengen kommunalen Zuständigkeitsgrundsatz erachtet, sondern als „sparkassentypisches" Prinzip deutet, das von eigener Art ist und dem ebenso typischerweise Durchbrechungen und Beschränkungen inhärent sind. Zuletzt hat *Weides* sich in einer ausführlichen Darstellung für eine endgültige Verabschiedung des Regionalprinzips ausgesprochen und jede gebietsmäßige Beschränkung der Sparkassen abgelehnt. Seine Beweisführung beruht im wesentlichen auf der Ausgangsthese, daß die Sparkassen weitgehend entkommunalisierte selbständige öffentlich-rechtliche Wirtschaftsunternehmen darstellten, die aus dem kommunalverfassungsrechtlichen Zusammenhang samt seiner kompetenzbeschränkenden Kautelen herausgelöst seien.[23]

---

[21] Vgl. *Werner Thieme*, Subsidiaritätsprinzip im Sparkassenrecht?, Sparkasse 1962, 179 ff.; *Reinfrid Fischer*, Folgen kommunaler Neugliederungen für Sparkassen, Der Gemeindehaushalt 1975, 193; *Thomas Brzoska*, Die öffentlich-rechtlichen Sparkassen zwischen Staat und Kommunen, 1976; *Peter Weides*, Sparkassen und kommunale Gebietsänderungen, Städte- und Gemeinderat 1978, 1 ff.

[22] *Thieme*, wie vorige Fußnote, S. 180.

[23] *Weides*, Sparkassen und kommunale Gebietsänderungen, Städte- und Gemeinderat 1978, 1 ff.

4. Ergebnis zu I.

Faßt man die einführenden Bemerkungen zum Regionalprinzip zusammen, so ergibt sich folgendes Bild. Nach der herrschenden Lehre und Rechtsprechung stellt das Regionalprinzip eine Kompetenznorm dar, welche die räumlichen Wirkungsbereiche von Verwaltungseinheiten in der horizontalen Ebene voneinander abgrenzt. Das Regionalprinzip findet als solches in den Sparkassengesetzen der Länder keinen verbalen Ausdruck, aber es gibt in den meisten Sparkassengesetzen Rechtsvorschriften, denen sich dem Sinngehalt nach entnehmen läßt, daß nach der Auffassung des Gesetzgebers das Regionalprinzip auch der Gliederung des Sparkassenwesens zugrunde liegt. Unabhängig von der positivrechtlichen Verbürgung und Manifestierung wird das Regionalprinzip im Sparkassenwesen aus dem Kommunalverfassungsrecht und dem Anstaltsrecht abgeleitet. Da die kommunalen Sparkassen als Anstalten der Muttergemeinwesen in Gestalt der kommunalen Gebietskörperschaften anzusehen sind, bestimmt sich ihr Wirkungskreis nach dem Zuständigkeitsbereich des jeweiligen Muttergemeinwesens als Gewährträgerin und Trägerkommune der Anstalt.

Die Einbindung der kommunalen Sparkassen in den Zusammenhang der kommunalen Selbstverwaltung und die mit ihr verbundene räumliche Wirkungsbeschränkung, die durch das Regionalprinzip ihren Ausdruck findet, ist nicht unbestritten. Sowohl in der neueren Rechtsprechung wie auch im Schrifttum gibt es ausführliche Darlegungen, die die Sparkassen als selbständige Verwaltungseinheiten oder selbständige öffentlich-rechtliche Wirtschaftsunternehmen deuten, die ihrerseits ein von den Kommunen weithin unabhängiges Eigenleben führen und deshalb auch nicht deren räumliche Wirkungsbeschränkungen teilen.

II. Unanwendbarkeit des Regionalprinzips auf die Freie Sparkasse nach dem Hessischen Sparkassengesetz

Die vorstehenden Ausführungen haben schon deutlich gezeigt, daß sich die Diskussion über die Geltung des Regionalprinzips durchweg auf die *kommunalen* Sparkassen bezieht. Der gesamte Begründungszusammenhang, auf den das Regionalprinzip gestützt wird, nämlich das Kommunalverfassungsrecht und das Anstaltsrecht, paßt nur und ausschließlich auf die kommunalen Sparkassen in ihrer Eigenschaft als kommunale Anstalten, anders gesprochen: als Glieder der mittelbaren Kommunalverwaltung. Im folgenden gilt es nun, der konkreten Fragestellung nachzugehen, ob rechtlich plausible Gründe aufzufinden sind, die es rechtfertigen können, auch die Freie Sparkasse in diesen Begründungszusammenhang einzubeziehen.

1. Grundlage des Regionalprinzips im Hessischen Sparkassenwesen

Das Regionalprinzip ist im Hessischen Sparkassengesetz nicht ausdrücklich festgelegt. Es läßt sich jedoch sowohl dem § 1 Abs. 3 wie auch dem § 16a Abs. 2 HessSpkG entnehmen, daß der Gesetzgeber wenigstens dem Grundsatz nach davon ausgegangen ist, daß das Regionalprinzip der Gliederung des kommunalen Sparkassenwesens im Lande Hessen zugrunde liegen soll.

§ 1 Abs. 3 lautet:

„Die Sparkassen können im Gebiet ihres Gewährträgers Zweigstellen errichten. Die Errichtung einer Zweigstelle außerhalb des Gebietes des Gewährträgers oder im Gebiet des Gewährträgers einer anderen Sparkasse bedarf der Zustimmung der obersten Aufsichtsbehörde; die andere Sparkasse ist vorher zu hören. Die Errichtung nach Satz 2 setzt voraus, daß die Zweigstelle in dem bereits bestehenden satzungsmäßigen Geschäftsbereich der Sparkasse liegen würde."

§ 16a Abs. 2 HessSpkG lautet:

„Zweigstellen einer Sparkasse, die infolge der gebietlichen Neuordnung von Gemeinden oder Gemeindeverbänden außerhalb des Gebietes ihres Gewährträgers liegen, sind innerhalb von zwei Jahren nach der gebietlichen Neuordnung auf die Sparkasse zu übertragen, die berechtigt ist, in diesem Gebiet Zweigstellen zu errichten. Für zurückliegende gebietliche Neuordnungen beginnt die Frist nach Satz 1 mit dem Inkrafttreten dieses Gesetzes. Die Auseinandersetzung zwischen den beteiligten Sparkassen erfolgt durch Vereinbarung. Von der Übertragung kann bei Vorliegen besonderer Gründe mit Zustimmung der obersten Aufsichtsbehörde nach Anhörung der beteiligten Sparkassen und des Hessischen Sparkassen- und Giroverbandes abgesehen werden."

2. Unanwendbarkeit auf die Freien Sparkassen

Gemäß § 1 Abs. 1 HessSpkG gelten die vorgenannten Rechtsvorschriften nur für die *kommunalen* Sparkassen. Ausgenommen sind alle Sparkassen ohne kommunalen Gewährträger, also auch die Frankfurter Sparkasse von 1822.[24]

Demgegenüber ist geltend gemacht worden, aus dem Wortlaut des § 1 HessSpkG und aus der Entstehungsgeschichte der Zweiten Sparkassennovelle von 1972 ergebe sich, daß das HessSpkG auch die Freie Sparkasse in seine Regelung einschließe, so daß auch für diese das Regionalprinzip kraft positiven Rechts in Geltung gesetzt sei.[25]

---

[24] Vgl. ausdrücklich *Schlierbach*, Kommentar zum Hessischen Sparkassengesetz, § 1 Erl. 1; *Forsthoff*, Gilt für die Frankfurter Sparkasse von 1822 das Regionalprinzip?, Rechtsgutachten (unveröffentlicht), S. 6.

[25] Vgl. *Michel/Seeger*, Gutachten über die Verbindlichkeit des in § 1 Abs. 3 HSpG vom 2. 1. 1973 (GVBl. I, S. 16 ff.) begründeten Regionalitätsprinzips für die Frankfurter Sparkasse von 1822 als sogenannte „Freie Sparkasse", 1977 (hektographiert).

24   1. Teil: Geltung des Regionalprinzips

Diese Auffassung ist eindeutig abwegig. — Was zunächst den Gesetzeswortlaut anbetrifft, so stützen sich *Michel/Seeger* auf einen Teil-Wortlaut des § 1 Abs. 3 Satz 2 HessSpkG und zitieren folgenden Passus: „Die Errichtung einer Zweigstelle ... im Gebiet des Gewährträgers einer anderen Sparkasse bedarf der Zustimmung der obersten Aufsichtsbehörde; die andere Sparkasse ist vorher zu hören."

Dieses Gesetzeszitat stimmt. Aber es ist eine Irreführung, wenn sogleich anschließend der Eindruck erweckt wird, daß der vorstehende Passus für das Hessische Sparkassengesetz das Regionalprinzip verankere. In Wirklichkeit ist ganz zweifelsfrei, daß das Regionalprinzip im Kontext des § 1 ausschließlich und allein durch § 1 Abs. 3 *Satz 1* HessSpkG begründet wird, in dem es heißt: „Die Sparkassen können im Gebiet ihres Gewährträgers Zweigstellen errichten." — Dieser Satz hingegen bezieht sich nur auf Sparkassen, die einen Gewährträger haben. Infolgedessen ist seine Anwendung auf die Freie Sparkasse von vornherein dem Wortlaut nach ausgeschlossen. — Der von *Michel/ Seeger* zitierte *Satz* 2 des § 1 Abs. 3 HessSpkG stellt nun seinerseits gerade eine Durchbrechung des Satzes 1, also des Regionalprinzips, dar. Und es bedarf keiner besonderen Erwähnung, daß durch eine solche Ausnahmeregel nur solche Sparkassen angesprochen werden können, die auch Normadressaten des Grundsatzes sind. Die Wortlautauslegung von *Michel/Seeger* ermangelt also offenkundig einer juristischen Qualifikation.

Dasselbe gilt in noch größerem Maße für die von diesen Gutachtern vorgetragenen Hinweise auf die Entstehungsgeschichte der Zweiten Sparkassennovelle. Sie wollen aus der Entstehungsgeschichte, genauer gesagt aus der Begründung zum Regierungsentwurf für ein Zweites Gesetz zur Änderung des Hessischen Sparkassengesetzes vom 21. 6. 1972[26] herauslesen, „daß das HspG seinen historischen Rahmen verlassen hat und auch Bereiche regeln wollte, die über die vormalige Kommunalaufsicht hinausgehen". Als Beleg für diese Meinung folgt ein unvollständiges und aus dem Zusammenhang gerissenes Zitat[27]. Vollständig lautet dieses Zitat wie folgt: „Das Sparkassenrecht betrifft überwiegend Fragen der Organisation und der Verwaltung von kommunalen Anstalten des öffentlichen Rechts." — Mit diesem Satz, der den Gehalt des Normbereichs „Sparkassenrecht" unzweifelhaft zutreffend umschreibt, wird in der Begründung zum Regierungsentwurf ein Abschnitt eingeleitet, der die Frage der Gesetzgebungskompetenz zwischen Bund und Ländern betrifft. Aus diesem Satz, der in einem

---

[26] Hessischer Landtag, Drucks. 7/1877.
[27] Vgl. einerseits Hessischer Landtag Drucks. 7/1877, S. 9 sub II. erster Satz; andererseits die verfälschende Wiedergabe im Gutachten *Michel/Seeger*, S. 10.

ganz bestimmten Kontext steht, nehmen *Michel/Seeger* den mit „überwiegend Fragen" beginnenden Teil heraus und wollen mit dieser Wendung nachweisen, daß das „HspG seinen historischen Rahmen verlassen" habe. Diese Beweisführung spricht für sich und erfordert keine nähere Widerlegung oder Erläuterung. Sie wird auch nicht dadurch diskutabler, daß die Zweite Sparkassennovelle in § 1 Abs. 2 die Möglichkeit eröffnet hat, daß sich die Freien Sparkassen künftig den Sparkassenzweckverbänden als Mitglieder anschließen können. Abgesehen davon, daß diese gesetzliche Möglichkeit von Kennern der Szene als „von in absehbarer Zeit wohl nur theoretischem Interesse" gewertet wird[28], handelt es sich um eine Regelung, die deutlich von dem hier allein interessierenden Regionalprinzip abgesetzt ist und auch nicht den geringsten Anhalt dafür zu bieten vermag, daß die Freien Sparkassen nunmehr pauschal dem Regime des Sparkassengesetzes unterstellt worden wären.

3. Anhang: Keine Präjudizierung durch Gerichtsurteile betreffend das Sparkassenwesen in Schleswig-Holstein

Für das Land Schleswig-Holstein liegen mehrere verwaltungsgerichtliche Urteile vor, die die Errichtung von Zweigstellen auch der Freien Sparkassen betreffen[29]. Bei diesen Entscheidungen geht es um die Frage, ob die Freien Sparkassen ohne staatliche Genehmigung Zweigstellen errichten dürfen. Kern des Streits ist die Anwendbarkeit einer entsprechenden Vorschrift des Sparkassengesetzes für das Land Schleswig-Holstein[30]. § 44 Abs. 1 Nr. 3 Schl-H SpkG sieht vor, daß die „Errichtung und Verlegung von Zweigstellen durch Sparkassen im Gebiet des Landes Schleswig-Holstein" der Genehmigung der Aufsichtsbehörde bedarf. Da das Sparkassengesetz für das Land Schleswig-Holstein zwischen den „öffentlich-rechtlichen Sparkassen" und den „Sparkassen des Privatrechts", die von einer Stiftung oder einem rechtsfähigen Verein betrieben werden, unterscheidet und auch die zuletzt genannten Sparkassen als „öffentliche Sparkassen" einordnet, sah sich die Rechtsprechung veranlaßt, die allgemein auf „Sparkassen" gemünzte Genehmigungsklausel des § 44 Abs. 1 Satz 3 Schl-H SpkG auch auf die Freien Sparkassen anzuwenden, die im Lande Schleswig-Holstein Zweigstellen errichten wollen. Es bedarf an dieser Stelle keiner weiteren Überlegung dahin, ob sich eine solche Gesetzesauffassung mit verfassungs-

---

[28] Vgl. *Schlierbach*, Die zweite Novelle zum Hessischen Sparkassengesetz, Sparkasse 1973, S. 63 (64).
[29] Vgl. *BVerwG*, Sparkasse 1973, 35; *OVG Lüneburg*, Sparkasse 1969, 94; Sparkasse 1973, 34; Urteil vom 9. 12. 1975 — V OVG A 70/74 (unveröffentlicht); *VG Schleswig-Holstein* JR 1975, 389 mit Anm. *Bull*.
[30] Vgl. die Bekanntmachung der Neufassung vom 29. März 1971 (GVBl. 137), § 44.

rechtlichen Grundprinzipien vereinbaren läßt[31]. Es mag die Feststellung genügen, daß immerhin der Gesetzeswortlaut des schleswig-holsteinischen Sparkassengesetzes den Verwaltungsgerichten die Grundlage bot, in dem Sinne zu entscheiden, wie sie es getan haben. Fest steht jedenfalls, daß diese Entscheidungen in ihrem rechtlichen Aussagegehalt auf das Land Schleswig-Holstein beschränkt bleiben, weil ihre rechtliche Entscheidungsgrundlage allein im Gesetzeswortlaut des Sparkassengesetzes für das Land Schleswig-Holstein gefunden werden kann. Dieser Gesetzeswortlaut ist insoweit einzigartig und mit dem Wortlaut des Hessischen Sparkassengesetzes, das sich, wie auch die Gesetze anderer Länder, auf eine Regelung der Rechtsverhältnisse kommunaler Sparkassen beschränkt, nicht vergleichbar. Es verbietet sich deshalb auch, aus den Urteilen für das Land Schleswig-Holstein irgendwelche Rückschlüsse oder Parallelen zum Sparkassenwesen in anderen Ländern ziehen zu wollen. Im Gegenteil: solche Rückschlüsse sind nicht nur wegen der unterschiedlichen positivrechtlichen Gesetzeslage von vornherein juristisch unzulässig, sondern überdies ist auch zu beachten, daß die hier interessierenden Partien des schleswig-holsteinischen Sparkassengesetzes in ein verfassungsrechtliches Zwielicht getaucht sind und sich bei näherem Zusehen als verfassungswidrig erweisen[32].

Bemerkenswerterweise hat das Bundesverwaltungsgericht durch Beschluß vom 9. Oktober 1978 — 1 B 80.76 — die Revision der Hamburger Sparkasse gegen ein Urteil des OVG Lüneburg zugelassen mit der Begründung, daß die Frage noch nicht abschließend geklärt sei, inwieweit Landessparkassenrecht ohne Verstoß gegen das Grundgesetz auch die Rechtsverhältnisse der Freien Sparkassen regeln kann. Dabei geht es speziell um das schleswig-holsteinische Sparkassengesetz. Alles in allem steht fest: auch in der Rechtsprechung ist zur Gesetzeslage in Schleswig-Holstein noch keineswegs das letzte Wort gesprochen.

4. Keine Geltung des Regionalprinzips kraft Mitgliedschaft im Hessischen Sparkassen- und Giroverband

Die Frankfurter Sparkasse von 1822 ist Mitglied des Hessischen Sparkassen- und Giroverbandes. Die Mitgliedschaft beruht auf einem freiwilligen Beitritt[33]. Von seiten des Sparkassen- und Giroverbandes und anderer kommunaler Sparkassen ist die Meinung geäußert worden, die Mitgliedschaft im Hessischen Sparkassen- und Giroverband sei mit einer Unterwerfung der Frankfurter Sparkasse von 1822 unter das Regime des Regionalprinzips verbunden. Diese Auffassung ist unhaltbar.

---

[31] Vgl. zur Verfassungswidrigkeit des schleswig-holsteinischen Sparkassengesetzes zuletzt *Hans-Peter Bull*, JR 1975, S. 392 ff. (394).
[32] Vgl. *Bull*, JR 1975, 392 ff. (394).
[33] Vgl. § 1 Abs. 2 Satz 1 HessSpkG.

III. Analoge Anwendung des Regionalprinzips

Die rechtlichen Grundlagen über den Rechtscharakter, den Aufbau und die Aufgaben des Hessischen Sparkassen- und Giroverbandes ergeben sich aus dem Gesetz über die Neuordnung des öffentlichen Bank- und Sparkassenwesens in der Fassung vom 2. Januar 1976 (GVBl. I S. 17) und der aufgrund dieses Gesetzes erlassenen Verbandssatzung. Das Hessische Sparkassengesetz und das Gesetz über die Neuordnung des öffentlichen Bank- und Sparkassenwesens enthalten über die Rechtsstellung fakultativer Mitglieder des Hessischen Sparkassen- und Giroverbandes keinerlei Aussagen. Gemäß § 4 Abs. 4 HSGV-Satzung bestimmen sich vielmehr die Rechte und Pflichten der privaten Sparkassen, die durch Vertrag in den Verband aufgenommen werden, nach dem Aufnahmevertrag. Der Aufnahmevertrag der Frankfurter Sparkasse von 1822 mit dem Hessischen Sparkassen- und Giroverband vom 29. Juli 1954 enthält keine Klausel, aus der eine Unterwerfung der Frankfurter Sparkasse von 1822 unter das für die kommunalen Verbandsmitglieder geltende Regionalprinzip abgeleitet werden könnte.

Eine allgemeine Geltung des Regionalprinzips für *alle* Mitglieder des Hessischen Sparkassen- und Giroverbandes kann auch nicht mit der Überlegung begründet werden, daß die Verbandsmitglieder gehalten seien, Verbandszwecke und Verbandsaufgaben zu fördern. Die Verbandsaufgaben sind in § 8 HSGV-Satzung in einer detaillierten Aufzählung präzise umschrieben. Unter den in 12 Ziffern enumerierten Aufgabengruppen läßt sich keine einzige ausmachen, die auch nur entfernt den Gedanken aufkommen lassen könnte, daß die Realisierung und Durchsetzung des Regionalprinzips zu den Verbandszwecken oder Verbandsaufgaben gehöre oder daß das Regionalprinzip gleichsam die Geschäftsgrundlage für eine Verbandsmitgliedschaft darstelle.

Nach allem ist es also abwegig, die Mitgliedschaft der Frankfurter Sparkasse von 1822 im Hessischen Sparkassen- und Giroverband als Argument für deren Unterstellung unter das Regionalprinzip anzuführen.

III. Zur analogen Anwendung des Regionalprinzips auf die Freien Sparkassen

Nach dem bisher Gesagten steht also zunächst fest, daß das positive Gesetzesrecht in Hessen ein Regionalprinzip, welches auch die Freien Sparkassen einschließt, nicht kennt. Demzufolge liegt der Schwerpunkt aller bisher vorgelegten Gutachten zur Geltung des Regionalprinzips für die Frankfurter Sparkasse von 1822 auf der Frage, ob dieses nur für die kommunalen Sparkassen ausdrücklich statuierte Organisationsprinzip eine *analoge* Anwendung auf die Freie Sparkasse gestattet oder gar gebietet.

Ein solcher Analogieschluß kann rechtlich nicht in Betracht gezogen und gewürdigt werden, ohne zuvor einige grundsätzliche Erörterungen und Ausführungen über die Denkform der Analogie im Recht voranzuschicken. Denn die Analogie ist durchaus kein alltäglicher, ständig praktizierter Rechtsfindungsvorgang, über den — wenigstens unter Juristen — völliges Einverständnis zu verzeichnen wäre und der deshalb keiner weiteren Explikation bedürfte. Vielmehr ist von vornherein zu bedenken und zu beachten, daß derjenige, der sich der Analogie bedient, nicht mehr nur gesetzesauslegend tätig wird, sondern vielmehr das Gebiet der Rechtsschöpfung betritt. Diese Annäherung an die Zone der Rechtsetzung bei der Handhabung des Rechts erfordert eine erhöhte Sorgfalt und Vorsicht. Hinzu kommt, daß die Analogie als Rechtsfindungsmethode „logisch höchst fragwürdig" erscheint[34] und daß der „Analogieschluß als solcher nur der formale Ausdruck von Bewertungsvorgängen ist, die zum großen Teil aus der dogmatischen Erfassung herausfallen"[35].

1. Zur Struktur der Rechtsfigur der Analogie

Die Analogie wird allgemein verstanden als ein Verfahren zur Schließung von Gesetzeslücken[36]. Tieferdringende Untersuchungen haben indessen schon deutlich gemacht, daß die Analogie nicht nur dazu dient, eine bereits festgestellte Lücke im Gesetz aufzufüllen, sondern daß sie schon dazu eingesetzt wird, um eine solche Lücke erst aufzuspüren[37]. Darauf ist sogleich zurückzukommen.

Während der deduktive Schluß vom Allgemeinen auf das Besondere und der induktive Schluß vom Besonderen auf das Allgemeine geht, stellt die Analogie den Schluß vom Besonderen auf das Besondere dar[38]. Diese Struktur der Analogie macht ihre logische Fragwürdigkeit und praktische Problematik in der Anwendung aus. Denn das Besondere ist gerade prinzipiell durch Einzigartigkeit und Unvergleichbarkeit gekennzeichnet. Es erhebt sich deshalb stets das Problem, was uns berech-

---

[34] Vgl. *Karl Engisch*, Einführung in das juristische Denken, 5. Aufl. 1971, S. 143; *Ulrich Klug*, Rechtslogik, 3. Aufl. 1966, S. 97 ff.

[35] *Josef Esser*, Vorverständnis und Methodenwahl in der Rechtsfindung, Fischer-Taschenbuch, 1972, S. 184.

[36] Vgl. z. B. *Karl Larenz*, Methodenlehre der Rechtswissenschaft, 3. Aufl. 1975, S. 366 ff.; *Reinhold Zippelius*, Einführung in die juristische Methodenlehre, 1974, S. 68 ff.

[37] Vgl. *Claus-Wilhelm Canaris*, Die Feststellung von Lücken im Gesetz, 1964, S. 71 ff.

[38] Vgl. *Karl Engisch*, Einführung in das juristische Denken, 5. Aufl. 1971, S. 142; *Uhrich Klug*, Juristische Logik, 3. Aufl. 1966, S. 102.

tigt, etwas Besonderes mit anderem Besonderen rechtlich in Parallele zu setzen. Auf diese Weise wird der vieldeutige Begriff der Rechtsähnlichkeit zum „Angelpunkt des Schließens". Er ist zugleich „ein besonders heikler Punkt des Analogieurteils, welches ja als ein Relationsurteil gerade jenen Divergenzfaktor richtig beurteilen muß, der die Analogie ermöglicht oder verbietet"[39].

Die Schwierigkeit, das Urteil der Rechtsähnlichkeit resp. Vergleichbarkeit zwischen zwei verschiedenen Sachverhalten festzustellen, resultiert insbesondere aus zwei Umständen. Zum einen fehlt es an vorgegebenen Vergleichsmaßstäben, an festen Kriterien, die ohne weiteres dem Vergleichsvorgang zugrunde gelegt werden könnten. Vielmehr ist schon die Vergleichbarkeit oder Ähnlichkeit selbst das Ergebnis eines Werturteils, welches sich nicht vollständig rational auflösen und strukturieren läßt. Hinzu kommt, daß die Vergleichbarkeit, da niemals eine Identität der zu vergleichenden Sachverhalte existiert, in *wesentlichen Punkten*, d. h. in *den* Relationen bestehen muß, die für das rechtliche Urteil der Gleichbehandlung maßgeblich sind. Dies setzt nicht nur eine Vergleichsprüfung voraus, sondern auch eine Gewichtung der gefundenen Gemeinsamkeiten. Beides kann nur in einem komplizierten, an der vorgegebenen Rechtsordnung orientierten Bewertungsvorgang vor sich gehen. Hier muß sich die Logik mit der Teleologik verbinden[40].

Die Kernprobleme des Schlußverfahrens der Analogie bestehen nach dem bisher Gesagten also einmal in der Feststellung einer Lücke im Gesetz und zum anderen in der Rechtsähnlichkeit resp. Vergleichbarkeit zwischen dem im Gesetz geregelten Sachverhalt und jenem Sachverhalt, für den das Gesetz eine Regelung nicht vorsieht.

2. Zum Problem der Gesetzeslücke

Als Methode zur Ausfüllung von Gesetzeslücken kann die Analogie erst und nur in Betracht gezogen werden, wenn überhaupt eine Gesetzeslücke konstatiert werden kann. Eine solche Regelungslücke kann nach herrschender Auffassung nur vom Boden des geltenden Rechts aus festgestellt werden[41]. „Eine Lücke ist eine planwidrige Unvollständigkeit innerhalb des positiven Rechts (d. h. des Gesetzes im Rahmen seines möglichen Wortsinnes und des Gewohnheitsrechts) gemessen am Maßstab der gesamten Rechtsordnung. Oder: Eine Lücke liegt vor, wenn das Gesetz innerhalb der Grenzen seines möglichen Wortsinnes und das

---

[39] *Josef Esser*, Vorverständnis und Methodenwahl in der Rechtsfindung, 1972, S. 184.
[40] Vgl. *Karl Engisch*, Einführung in das juristische Denken, 5. Aufl. 1971, S. 145; *Karl Larenz*, Methodenlehre der Rechtswissenschaft, 3. Aufl. 1975, S. 377.
[41] *Canaris*, Die Feststellung von Lücken im Gesetz, 1964, S. 32.

Gewohnheitsrecht eine Regelung nicht enthalten, obwohl die Rechtsordnung in ihrer Gesamtheit eine solche fordert[42]."

Geht man von dem vorstehenden allgemein anerkannten Lückenbegriff aus, so ergibt sich, daß die Anwendung einer Analogie im vorliegenden Falle schon unter dem Gesichtspunkt des Mangels einer Gesetzeslücke als unzulässig erachtet werden muß. Diese These gilt es im folgenden des Näheren nachzuweisen.

Eine Gesetzeslücke im Sinne einer „planwidrigen Unvollständigkeit" läge im vorliegenden Falle nur dann vor, wenn das hessische Sparkassenrecht ein ungewolltes Defizit an sparkassenrechtlichen Regelungen aufzuweisen hätte. Ein solches Normdefizit kann sich unmittelbar daraus ergeben, daß ein bestimmter Sachverhalt ausdrücklich im Gesetz geregelt wird, daß diese Regelung aber in sich ergänzungsbedürftig ist. Ein solcher Fall liegt hier nicht vor.

Die vorliegend zu beurteilende Problematik besteht vielmehr darin, daß der hessische Sparkassengesetzgeber das Regionalprinzip ausdrücklich nur für die kommunalen Sparkassen festgelegt hat, demgegenüber aber eine Regelung für die Freien Sparkassen fehlt. Dieses Fehlen einer Norm für die Freien Sparkassen kann logischerweise nur dann als „Lücke" im Sinne einer „planwidrigen Unvollständigkeit" gedeutet werden, wenn der hessische Gesetzgeber insoweit überhaupt möglicherweise eine Regelung treffen wollte, diese aber vergessen hat. Denn nicht immer, wenn das positive Gesetz keine Regelung aufweist, kann schon das Vorliegen einer Gesetzeslücke angenommen werden[43]. Vielmehr kann das Schweigen des Gesetzgebers sich auch als ein „beredtes" oder „qualifiziertes" Schweigen erweisen, welches nur dahin zu verstehen ist, daß der nicht geregelte Sachverhalt keinen rechtlichen Beschränkungen unterworfen sein soll[44]. Dies bedeutet auf die hier in Rede stehende Problematik bezogen, daß die Beschränkung des Regionalprinzips auf die *kommunalen* Sparkassen eine gesetzgeberische Entscheidung darstellt, welche gerade den gegenteiligen Schluß gebietet, daß die Freien Sparkassen durch dieses Prinzip nicht eingeengt werden sollen[45].

---

[42] *Canaris*, Die Feststellung von Lücken im Gesetz, 1964, S. 39.

[43] Vgl. *Canaris*, Die Feststellung von Lücken im Gesetz, 1964, S. 39 f.; ganz falsch deshalb die Ausführungen von *Michel/Seeger*, Gutachten, S. 12.

[44] Vgl. *Julius Binder*, Philosophie des Rechts, 1. Aufl. 1925, S. 977; *Georg Dahm*, Deutsches Recht, 2. Aufl. 1963, S. 50; *Arthur Meier-Hayoz*, Der Richter als Gesetzgeber, 1951, S. 70; *Canaris*, Die Feststellung von Lücken im Gesetz, 1964 S. 39.

[45] Hier berührt sich der Analogieschluß mit seinem Gegenteil, dem Umkehrschluß (argumentum e contrario); dazu *Karl Engisch*, Einführung in das juristische Denken, 5. Aufl. 1971, S. 146.

III. Analoge Anwendung des Regionalprinzips

Für eine solche Deutung des Schweigens des Gesetzgebers sprechen folgende Gründe.

Erstens ist darauf hinzuweisen, daß die Freien Sparkassen alte Institutionen darstellen, die wie die Frankfurter Sparkasse von 1822 zum Teil schon weit über 150 Jahre existieren. Als der Gesetzgeber die ersten Sparkassengesetze erließ, kann er also diese Institutionen keineswegs übersehen haben. Wenn demnach der hessische Sparkassengesetzgeber — im Gegensatz etwa zum Gesetzgeber für das Land Schleswig-Holstein — die Freien Sparkassen nicht in das Regelungswerk des Sparkassengesetzes einbezog und dem Regionalprinzip unterstellte, so kann hieraus nur der zwingende Schluß gezogen werden, daß er eine solche Unterstellung unter das für *kommunale* Sparkassen geltende Rechtsregime nicht wollte, weil er zwischen kommunalen und Freien Sparkassen wesentliche Unterschiede gesehen hat. Es verbietet sich jedenfalls augenscheinlich, insoweit eine „planwidrige Unvollständigkeit" des hessischen Sparkassenrechts anzunehmen.

Zweitens wird dieses Resultat durch die neuere Entwicklung der Gesetzgebung im Sparkassenrecht nachdrücklich unterstrichen. Durch die zweite Novelle zum Sparkassengesetz vom 15. 12. 1972 hat, wie schon an früherer Stelle erwähnt, der Gesetzgeber in § 1 Abs. 2 HessSpkG den Freien Sparkassen die Möglichkeit eröffnet, sich einem kommunalen Zweckverband anzuschließen. Gleichzeitig ist, wie sich eindeutig aus der Vorlage der Landesregierung ergibt[46], das Regionalprinzip Gegenstand der Beratungen der zweiten Sparkassennovelle gewesen, wobei die Absicht der Landesregierung dahin ging, dieses Prinzip für die kommunalen Sparkassen schärfer zu akzentuieren.

Daraus folgt unmittelbar, daß der Gesetzgeber, obwohl er nunmehr die Freien Sparkassen partiell in den Regelungszusammenhang einbezogen hat, das Regionalprinzip nach wie vor ausdrücklich auf die *kommunalen* Sparkassen beschränkte. Aus dieser zeitlichen und sachlichen Koinzidenz der Regelungen kann nur der Schluß gezogen werden, daß der Gesetzgeber die Freien Sparkassen nicht dem Regionalprinzip unterwerfen wollte, daß also sein Schweigen insoweit ein beredtes und qualifiziertes Schweigen darstellt, welches es verbietet, insoweit eine Gesetzeslücke anzunehmen.

Streng genommen ist damit die gesamte Diskussion über die analoge Anwendung des Regionalprinzips auf die Freien Sparkassen beendet, weil es an einer ausfüllungsbedürftigen Gesetzeslücke fehlt. Die folgenden weiteren Darlegungen verstehen sich deshalb lediglich als eine Art von Zusatzerwägungen, die der Frage nachgehen sollen, ob eine

---
[46] Hessischer Landtag, Drucks. 7/1877, S. 9.

solche Analogie nicht auch noch an anderen logischen Voraussetzungen dieser Denkfigur scheitert.

3. Zur Rechtsähnlichkeit (Vergleichbarkeit)

Sieht man einmal von dem Erfordernis des Vorliegens einer Gesetzeslücke ab, so ist der Analogieschluß nur gerechtfertigt, wenn zwischen dem geregelten und dem nicht geregelten Sachverhalt Rechtsähnlichkeit in wesentlicher Hinsicht besteht. Die Analogie wird auf diese Weise auf die grundsätzliche, aber auch hochabstrakte und von Wertmaßstäben entleerte Ebene der Gleichbehandlung im Recht erhoben. Der Analogieschluß ist nichts anderes als ein Anwendungsfall des Gleichheitsgrundsatzes[47]. Er teilt deshalb auch seine Problematik, die in der Rechtsprechung des Bundesverfassungsgerichts zu Art. 3 Abs. 1 GG ihren sinnfälligen Ausdruck findet. Es kommt also darauf an, ob die kommunalen Sparkassen und die Freien Sparkassen in rechtlich gesehen wesentlichen Punkten vergleichbare Einrichtungen darstellen.

Damit demonstriert sich die Problematik des Analogieschlusses am praktischen Fall. In den bisher vorliegenden gutachtlichen Stellungnahmen sind mehrere Vergleichsgesichtspunkte ins Feld geführt worden, um die Vergleichbarkeit und damit die Tragfähigkeit einer Analogie oder deren Gegenteil, nämlich die Berechtigung eines Umkehrschlusses, unter Beweis zu stellen. So sind beispielsweise angeführt worden: der Aufgabenbereich beider Arten von Sparkassen, ihre organisatorische Stellung, die Einflußmöglichkeiten des Staates durch die Staatsaufsicht, der gemeinsame Genuß von Steuerprivilegien. Auf der anderen Seite sind die Unterschiede hervorgehoben worden, die namentlich in der Anbindung der kommunalen Sparkassen an ihr Muttergemeinwesen und insoweit insbesondere in deren Gewährträgerschaft kulminieren.

Die folgenden Überlegungen müssen, um den rechtsmethodischen Erfordernissen einer Analogie voll Rechnung zu tragen, zweierlei beachten. Zum einen gilt es, den bereits vorgetragenen Kriterien nachzugehen und zu prüfen, ob sie — jedes für sich — den Schluß der Vergleichbarkeit und Rechtsähnlichkeit zulassen. Doch damit ist es nicht getan: vielmehr ist sodann, falls und soweit Gemeinsamkeiten festgestellt werden können, des weiteren zu prüfen, ob diese Gemeinsamkeiten auch „wesentlich" im Rechtssinne sind. Denn nur wenn auch diese Voraussetzung bejaht werden kann, läßt sich die Anwendung eines Analogieschlusses rechtfertigen.

---

[47] Vgl. *Reinhold Zippelius*, Einführung in die juristische Methodenlehre, 1974, S. 65.

IV. Fehlschluß von der Wahrnehmung „öffentlicher Aufgaben" auf den Rechtsstatus der Freien Sparkassen

1. Befund

In der Rechtsprechung der Verwaltungsgerichte wird gelegentlich eine rechtliche Gleichbehandlung von Freien und kommunalen Sparkassen aus der Kongruenz des Aufgabenbereichs beider Arten von Sparkassen hergeleitet[48].

Um die Argumentation plastisch vorzuführen und zugleich den Ansatz für eine rechtliche Würdigung aufzuzeigen, sei zunächst die entsprechende Passage aus dem Urteil des *OVG Lüneburg* wörtlich wiedergegeben. Das Urteil betraf die Errichtung einer Zweigstelle durch eine Freie Sparkasse im Geschäftsgebiet einer kommunalen Sparkasse. Die hier interessierende Passage der Urteilsgründe lautet wie folgt:

„Da der Staat somit aufgrund seiner Organisationsgewalt berechtigt ist zu bestimmen, wer mit der Erfüllung *staatlicher* Aufgaben betraut werden soll, darf er auch anordnen, daß Einrichtungen zur Erfüllung einer bestimmten *öffentlichen* Aufgabe in einem bestimmten Gebiet nur durch einen Rechtsträger geschaffen werden dürfen. Ob dieser Rechtsträger eine juristische Person des öffentlichen Rechts oder eine juristische Person des privaten Rechts ist, ist unerheblich, denn in der Rechtsprechung ist anerkannt, daß auch juristische Personen des Privatrechts mit der Wahrnehmung *öffentlicher* Aufgaben betraut werden können (vgl. *BGH*, Urt. v. 30. Nov. 1967, DVBl. 1968, 338; *BGH*, Beschl. v. 18. Dezember 1967, NJW 1968, 839). *Öffentliche Aufgaben auf dem Gebiete des Sparkassenwesens nehmen aber sowohl die Klägerin wie die Beigeladene in gleicher Weise wahr.*

Es bleibt nach wie vor die wichtigste Aufgabe der Sparkassen, den Sparsinn insbesondere der weniger bemittelten Bevölkerungsschichten zu fördern und auf diese Weise auch kleine Einlagen zu sammeln, an denen die privaten Kreditinstitute weniger interessiert sind. Diese vor allem sozial- und kommunalpolitischen Anliegen sind *staatliche* Aufgaben", denn sie werden von den öffentlichen Sparkassen im staatlichen Auftrag und im staatlichen Interesse als Teil der (kommunalen) Daseinsvorsorge wahrgenommen (vgl. *Stolte*, Zur Frage der Gemeinnützigkeit der Sparkassen, 2. Aufl. 1967, S. 36 ff., insbesondere 46 ff.; *Hübner*, a. a. O. S. 80 f.). Dem historisch bedingten Verzicht auf eine strenge Anwendung des erwerbswirtschaftlichen Prinzips sind die öffentlichen Sparkassen aufgrund der von ihnen wahrgenommenen *öffentlichen Aufgaben* auch heute noch verpflichtet. Deshalb kann der Beklagte bei der Ausübung seiner Organisationsgewalt einer öffentlich-rechtlichen Sparkasse wie der Klägerin die Einrichtung von Verwaltungsstellen (Zweigstellen usw.) nicht nur zugunsten einer anderen öffentlich-rechtlichen Sparkasse, sondern auch zugunsten der Beigeladenen als einer gleichfalls öffentlichen Sparkasse verwehren, ohne daß deswegen gegen ihn der Vorwurf erhoben werden kann, er habe eine unerlaubte Bedürfnisprüfung vorgenommen oder in den freien Wettbewerb eingegriffen[49]."

---

[48] Vgl. *OVG Lüneburg*, Sparkasse 1969, 94 (95); *VG Schleswig-Holstein*, JR 1975, 389 (391).

Die vorstehende Argumentation ist auch vom *VG Schleswig-Holstein* in einer jüngeren Entscheidung übernommen worden, in der das Gericht entscheidend darauf abstellt, daß die Freien Sparkassen in ihrer Aufgabenstellung keine Unterschiede zu den kommunalen Sparkassen aufweisen[50]. Bemerkenswert an der oben zitierten Passage der Urteilsgründe des *OVG Lüneburg* ist für den aufmerksamen Leser der stete Wechsel in der Aufgabencharakterisierung. „Staatliche Aufgaben" und „öffentliche Aufgaben" werden von diesem Gericht offenbar synonym verwendet. Diese Gleichsetzung steht mit grundlegenden Erkenntnissen und Unterscheidungen in Widerspruch, die sich namentlich in den letzten beiden Jahrzehnten mit Klarheit herausgebildet und durchgesetzt haben. Dazu gehört insbesondere die Differenzierung in „staatliche" und „öffentliche" Aufgaben. Da beide vorzitierten Gerichte diese Unterscheidung nicht beachtet haben, sind sie einem grundlegenden Irrtum erlegen. Darauf ist sogleich zurückzukommen.

2. Aufgabenkategorien und ihr verfassungstheoretischer Hintergrund

Die Unterscheidung zwischen „staatlichen" und „öffentlichen" Aufgaben kann aus der Sicht der gegenwärtigen Staats- und Verwaltungsrechtslehre als gesichert angesehen werden[51]. Den Hintergrund für die Unterscheidung zwischen staatlichen und öffentlichen Aufgaben gibt das für die deutsche verfassungsrechtliche Theorie geradezu traditionelle

---

[49] *OVG Lüneburg*, Sparkasse 1969, 95 (Hervorhebungen von mir).

[50] *VG Schleswig-Holstein*, JR 1975, 389 (391) mit ablehnender Anmerkung *Bull.*

[51] Vgl. *Hans Peters*, Öffentliche und staatliche Aufgaben, in: Festschrift für H. C. Nipperdey, 1965, S. 877; *Hans H. Klein*, Zum Begriff der öffentlichen Aufgabe, DÖV 1965, 755 ff.; *Brohm*, Strukturen der Wirtschaftsverwaltung, 1969, S. 155 ff.; *Herbert Bethge*, Der verfassungsrechtliche Standort der „staatlich gebundenen" Berufe, Diss. Köln, 1968, S. 109 ff.; *Ellwein*, Einführung in die Regierungs- und Verwaltungslehre, 1966, S. 13 ff.; *Klaus Vogel*, Öffentliche Wirtschaftseinheiten in privater Hand, 1959, S. 61 ff.; *Scheuner*, Voraussetzungen und Form der Errichtung öffentlicher Körperschaften, in: Gedächtnisschrift für Hans Peters, 1967, S. 797 ff. (811 ff.); *Böckstiegel*, Der Staat als Vertragspartner ausländischer Privatunternehmen, Kölner Habilitationsschrift 1969, S. 1 ff.; *Walter Leisner*, Werbefernsehen und Öffentliches Recht, 1967, S. 14 ff.; *derselbe*, Öffentliches Amt und Berufsfreiheit, AöR 93 (1968), S. 162 ff. (184 ff.); *Herbert Krüger*, Allgemeine Staatslehre, 2. Aufl. 1966, S. 759 ff.; *Martens*, Öffentlich als Rechtsbegriff, 1969, S. 123 ff.; *Badura*, Das Verwaltungsmonopol, 1963, S. 313 ff., 333 ff.; *Mennacher*, Begriffsmerkmale und Rechtsstellung der mit öffentlicher Gewalt beliehenen Hoheitsträger des Privatrechts (Beliehene Private), Diss. München 1963, S. 22 ff.; *Rupp*, Privateigentum an Staatsfunktionen?, 1963, S. 17 ff.; *Herschel*, Staatsentlastende Tätigkeit im Arbeitsschutz, in: Festschrift für H. C. Nipperdey, Bd. II. 1965, 221 ff. (230 ff.); *Josef Isensee*, Subsidiaritätsprinzip und Verfassung, 1968, S. 158 ff.; *Steiner*, DÖV 1970, 528; *Michael Krautzberger*, Die Erfüllung öffentlicher Aufgaben durch Private, 1971, S. 106 ff.; *Hans Peter Bull*, Die Staatsaufgaben nach dem Grundgesetz, 1973, S. 47 ff.; *Fritz Ossenbühl*, Die Erfüllung von Verwaltungsaufgaben durch Private, VVDStRL 29, 137 ff. (150 ff.); *Wolfgang Kirberger*, Staatsentlastung durch Verbände, 1978, S. 56 ff.

IV. Fehlschluß vom Aufgabencharakter

Denkschema der Unterscheidung zwischen Staat und Gesellschaft ab[52]. Mit den Kategorien „Staat" und „Gesellschaft" sind in diesem Zusammenhang Wirkbereiche und damit verfassungsrechtlich gesprochen Kompetenzbereiche und Freiheitsräume umrissen. Die Unterscheidung von Staat und Gesellschaft wird ungeachtet der innigen Osmose zwischen beiden Bereichen nach wie vor als eine unverzichtbare Bedingung der Freiheit gewertet. „Gesellschaft" steht dabei als Kategorie für freiheitliche, private Tätigkeit, für staatlich unbeeinflußten und undirigierten Freiheitsraum des einzelnen und Gruppen von einzelnen Bürgern.

Nun ist gewiß die Grenzlinie zwischen Staat und Gesellschaft, wenn man davon überhaupt sprechen will, keineswegs klar gezogen und auch die dogmatische Ergiebigkeit des Dualismus von Staat und Gesellschaft nicht außer Streit[53]. Jedoch steht zunächst eines im Prinzip fest: nicht jede Aufgabe, die dem Gemeinwohl dient und an deren Erfüllung die Öffentlichkeit maßgeblich interessiert ist, ist kraft dieser Qualität ohne weiteres auch eine staatliche oder kommunale Aufgabe. Vielmehr gibt es seit eh und je zahlreiche im öffentlichen Interesse liegende und dem Gemeinwohl dienende Aufgaben, die von gesellschaftlichen Gruppen und Institutionen erfüllt worden sind und die bis heute nicht zu der Kategorie der sog. staatlichen Aufgaben gerechnet werden[54]. Staatliche Aufgaben sind demgegenüber nur solche, die der Staat nach der jeweils geltenden Verfassungsordnung zulässigerweise für sich in Anspruch nimmt und an sich gezogen hat[55].

---

[52] Vgl. dazu aus jüngerer Zeit: *Ernst-Wolfgang Böckenförde*, Die verfassungstheoretische Unterscheidung von Staat und Gesellschaft als Bedingung der individuellen Freiheit, 1973; *Konrad Hesse*, Bemerkungen zur heutigen Problematik und Tragweite der Unterscheidung von Staat und Gesellschaft, DÖV 1975, 437 ff.

[53] Vgl. zu beiden *Konrad Hesse*, Bemerkungen zur heutigen Problematik und Tragweite der Unterscheidung von Staat und Gesellschaft, DÖV 1975, 437 ff.; *Hans Peter Bull*, Die Staatsaufgaben nach dem Grundgesetz, 1973, S. 64 ff.

[54] Vgl. etwa die Beispiele bei *Hans Peters*, Öffentliche und staatliche Aufgaben, in: Festschrift für Hans Carl Nipperdey, 1965, S. 877 ff.

[55] Vgl. so deutlich *Hans Peters*, Öffentliche und staatliche Aufgaben, S. 880; *Herbert Krüger*, Allgemeine Staatslehre, 1966, S. 759 ff.; *Forsthoff*, Die öffentliche Körperschaft im Bundesstaat, 1931, S. 17 ff.; *Heinze*, Autonome und heteronome Verteilung, 1970, S. 100; *Burckhardt*, Die Organisation der Rechtsgemeinschaft, 2. Aufl. 1944, S. 37; *Ellwein*, Einführung in die Regierungs- und Verwaltungslehre, 1966, S. 35, 80; *Badura*, Das Verwaltungsmonopol, 1963, S. 313 ff. (bes. S. 315, 329, 338); derselbe, JZ 1965, 623 (624); *Arendt*, DV 1949, 147 (148); *Martens*, Öffentlich als Rechtsbegriff, 1969, S. 131; *Scheuner*, Gedächtnisschrift für Hans Peters, 1967, S. 811 ff.; *Hans H. Klein*, DÖV 1965, 755 ff. (758); *Zeidler*, VVDStRL 19 (1961), S. 218 mit FN 37; *Leisner*, Werbefernsehen und Öffentliches Recht, S. 22 ff.; *Herschel*, Staatsentlastende Tätigkeit im Arbeitsschutz, Festschrift für H. C. Nipperdey, 1965, S. 231 f.; *Brohm*, Strukturen der Wirtschaftsverwaltung, 1969, S. 157 und 161 mit weiteren Nachweisen in FN 120; *Herzog*, Ev. Staatslexikon 1966, Sp. 159; *Hubert Sauer*, DVBl. 1970, 486 ff. (488); *Steiner*, JuS 1969, 70 f.; *Dagtoglou*, DÖV 1970, 534;

Der verfassungsrechtliche Bezugsrahmen der Unterscheidung zwischen staatlichen und öffentlichen Aufgaben ist damit angedeutet. Die Grenzlinie zwischen beiden bildet ein Problem der Verfassungsauslegung. Die innere Souveränität des Staates, sich selbst Aufgaben zu stellen und diese zu erfüllen, wird zumindest durch die Grundrechte gezügelt und modifiziert, so daß sich in der Verknüpfung von Freiheit und Souveränität eine Kompetenzordnung zwischen Staat und Gesellschaft konstituiert, die nach Verfassungsrecht geformt und gegen einen Totalitätsverdacht abgeschirmt ist.

Staatliche und öffentliche Aufgaben gehören damit verfassungsrechtlich gesehen zwei unterschiedlichen Regimen an: einerseits dem staatlich institutionalisierten Bereich, andererseits dem durch das Prinzip der Freiheit geprägten Bereich der Gesellschaft. Diese Feststellung ist maßgeblich für die Qualifikation der Aufgaben und der rechtlichen Folgen und Folgerungen für die Aufgabenerfüllung. Sie bleibt in vollem Umfange bestehen, auch wenn man mit der Kategorie der „öffentlichen" Aufgaben in gewisser Weise den überkommenen scharfen Dualismus zwischen Staat und Gesellschaft zu überwinden trachtet und den verfassungsrechtlich noch unbewältigten Bereich des sog. Öffentlichen ins Blickfeld rückt[56]. Denn auch der Bereich des Öffentlichen wird bei allem Streit um seine verfassungsrechtliche Bewältigung durchweg zwar einerseits als Gegensatz zum Privaten, aber auch als Gegensatz zum Staatlichen begriffen.

Der handfeste und praktische Unterschied zwischen den staatlichen und öffentlichen Aufgaben ist wegen ihrer Orientierung und Anbindung an die unterschiedlichen Wirk- und Zuständigkeitsbereiche der, daß nur die Erfüllung staatlicher (kommunaler) Aufgaben dem staatlichen Reglement, der staatlichen Organisationsgewalt und der staatlichen Direktion unterliegt, die Erfüllung öffentlicher Aufgaben demgegenüber nach dem Prinzip der freiheitlichen Betätigung den gesellschaftlichen Gruppen und Institutionen überlassen bleibt.

3. Erfüllung öffentlicher Aufgaben durch Staat, Kommunen und Gesellschaft

Im folgenden geht es darum, die vorstehenden grundsätzlichen verfassungsrechtlichen Aussagen durch einige praktische Beispiele zu veranschaulichen. Hierbei interessieren wegen der Problemverwandtschaft namentlich jene Bereiche, in welchen staatliche und gesellschaftliche Institutionen nebeneinander öffentliche Aufgaben erfüllen.

Fritz Ossenbühl, Die Erfüllung von Verwaltungsaufgaben durch Private, VVDStRL 29, 137 ff. (153 f.).
[56] Vgl. *Fritz Ossenbühl*, Rundfunk zwischen Staat und Gesellschaft, 1975, S. 36 f.

IV. Fehlschluß vom Aufgabencharakter

Erwähnt sei zunächst der Straßenverkehr. So wird niemand bestreiten wollen, daß der ADAC beispielsweise mit der Straßenwacht und dem Hubschrauber-Rettungsdienst eine wichtige öffentliche Aufgabe wahrnimmt, durch die staatliches Handeln in diesem Bereich ergänzt und zugleich entlastet wird. Weitere Beispiele einer staatsentlastenden Tätigkeit durch private Institutionen lassen sich namentlich im karitativen Raum nennen, wo in reichem Maße Wohlfahrtsverbände und -institutionen, die von privaten oder kirchlichen Einrichtungen getragen werden, den Staat von der Erfüllung von Aufgaben entlasten, die sich in jedem Gemeinwesen stellen[57]. Bemerkenswert ist aber auch, daß private Entlastung des Staates ebenso bei der Gefahrenabwehr stattfindet[58]. Ein öffentliches Interesse besteht ferner an Forschung und Lehre. Sie wird einerseits in den vom Staat errichteten und unterhaltenen Hochschulen als staatliche Aufgabe betrieben. Daneben aber findet desgleichen in zahlreichen privaten Laboratorien und Versuchsanstalten Grundlagen- und Zweckforschung statt. Desgleichen ist die Lehre durchaus kein staatliches Monopol. Nebeneinander wird also ein und dieselbe Aufgabe von staatlichen und privaten Institutionen erfüllt. Und noch niemand ist auf die Idee gekommen, etwa wegen der Identität der Aufgaben auch auf eine Identität der Rechtsstellungen und Rechtsregime zu schließen, die für staatliche und private Forschungsinstitutionen gleichermaßen gelten sollen.

Als letztes Beispiel seien die Privatschulen genannt. Die Privatschulen erfüllen neben den staatlichen Schulen eine öffentliche Aufgabe. Ein staatliches Schulmonopol gibt es nicht. Private und staatliche Schulen stehen verfassungsrechtlich gleichwertig nebeneinander, denn die Errichtung und der Betrieb von Privatschulen ist grundrechtlich abgesichert und gewährleistet (Art. 7 Abs. 4 Satz 1 GG). Deshalb werden die Privatschulen auch aus eigenem Recht tätig. Sie erfüllen nicht etwa einen ihnen vom Staat übertragenen Auftrag. Sie sind deshalb auch keine sog. beliehenen Unternehmer[59]. Im Gegenteil hat das Bundesverfassungsgericht mit Recht festgestellt, daß den Privatschulen von Grundgesetz wegen ein dem staatlichen Zugriff und Reglement verschlossener Raum eigener Entfaltungsfreiheit verbleiben muß[60]. Allerdings ist nicht zu übersehen, daß die Kategorie der sog. privaten Ersatzschulen einer besonderen staatlichen Aufsicht unterliegen, die relativ

---

[57] Vgl. *Hans Peter Bull*, Die Staatsaufgaben nach dem Grundgesetz, 1973, S. 316 ff.
[58] Vgl. außer der Tätigkeit des schon erwähnten ADAC die Darstellung bei *Wilhelm Herschel*, Staatsentlastende Tätigkeit im Arbeitsschutz, in: Festschrift für H. C. Nipperdey, Bd. II, 1965, S. 221 ff.
[59] Vgl. *Hans Peters*, Öffentliche und Staatliche Aufgaben, in: Festschrift für H. C. Nipperdey, Bd. II, 1965, S. 877 ff. (888).
[60] *BVerfGE* 27, 195 (200).

tief in das Privatschulleben eindringen kann. Indessen ist diese Aufsicht verfassungsrechtlich vorgesehen und eingerichtet, um den Gedanken der Gleichbehandlung und Gleichwertigkeit im öffentlichen Berechtigungswesen zu gewährleisten. Aber, und dies wird an späterer Stelle noch genauer zu betrachten sein, obgleich eine solche nicht gering dimensionierte Staatsaufsicht besteht, ist noch niemand auf den Gedanken gekommen, die Privatschulen in toto dem Rechtsregime für staatliche Schulen zu unterwerfen. Vielmehr bedarf es für eine solche rechtliche Behandlung nach den für staatliche Schulen geltenden Normen stets einer besonderen verfassungsrechtlichen Ermächtigung, wie sie in Art. 7 Abs. 4 GG vorgesehen ist.

Die vorstehende Aufzählung ließe sich mit zahlreichen Beispielen fortsetzen. Die genannten Beispiele und Tätigkeitsbereiche dürften indes genügen, um deutlich zu machen, daß es viele Fälle gibt, in denen staatliche und gesellschaftliche Institutionen nebeneinander wirken und beide dieselben Aufgaben erfüllen, ohne daß aus dieser Aufgabenkongruenz der Schluß gezogen würde, daß alle Aufgabenträger rechtlich demselben Regime unterworfen werden müßten.

4. Umwandlung von öffentlichen in staatliche Aufgaben

Ein Wechsel des Rechtsregimes, nach welchem die Institutionen leben, die öffentliche Aufgaben erfüllen, tritt erst dann ein, wenn sich der Rechtscharakter der von ihnen erfüllten Aufgaben ändert, anders gesprochen: wenn aus den öffentlichen durch einen staatlichen Akt staatliche (kommunale) Aufgaben werden.

Eine solche Umwandlung hat das *VG Schleswig-Holstein* auch für das gesamte Sparkassenwesen angenommen. Das Gericht führt aus:

„Die freien Sparkassen . . . haben das Deutsche Sparkassenwesen entwickelt. Sie haben diese Aufgabe innerhalb der Gesellschaft wahrgenommen. In der späteren Entwicklung haben dann die Gemeinden aus ihrer örtlichen Allzuständigkeit heraus die Sparkassentätigkeit zu ihrer eigenen öffentlichen Aufgabe entwickelt. Damit wurde das Sparkassenwesen zu einer von öffentlich-rechtlichen Organen wahrgenommenen Aufgabe und damit gleichzeitig zu einer staatlichen Aufgabe. Die Gemeinden haben also kraft ihrer Organisationsgewalt einen Teil dieser Daseinsvorsorge zu einer ihr vorbehaltenen Aufgabe gemacht (vgl. *Wolff*, Verwaltungsrecht II, § 100 II a). In dieser Entwicklung wird die öffentliche Zweckbestimmung des gesamten Sparkassenwesens deutlich. Die öffentlichen Sparkassen haben dadurch, unabhängig von ihrer Organisationsform, Anerkennung, Förderung und Aufwertung erfahren. Das Sparkassenwesen gehört demnach, ähnlich wie das *BVerfG* in seinem Notarbeschluß (*BVerfGE* 16, S. 6, 21) und seinem Rundfunkurteil (*BVerfGE* 12, S. 205 Leitsatz 7, S. 244) ausgeführt hat, zu den Tätigkeiten, die nach allgemeiner Anschauung der organisierten Gemeinschaft, in erster Linie also dem Staat vorbehalten bleiben müssen. Wird in diesen Bereichen ein Privater oder eine juristische Person des Privat-Rechts tätig, so ist ihre

IV. Fehlschluß vom Aufgabencharakter

Tätigkeit wegen der öffentlich-rechtlichen Zweckbestimmung durch die staatliche Organisationsgewalt eingeschränkt[61]."

In einer Urteilsanmerkung hat bereits *Bull* dieser Passage des Urteils mit Nachdruck widersprochen[62]. Mit Recht. Denn die zitierte Begründung des Verwaltungsgerichts ist aus mehreren Gründen unhaltbar. Der Hinweis des Gerichts auf das Lehrbuch von *Wolff* ist ein Fehlzitat, weil die angegebene Stelle für die Auffassung des Gerichts nichts hergibt. Desgleichen gehen die Verweisungen auf den Notarbeschluß und das Rundfunkurteil am Problem vorbei. Am schlimmsten ist für den eingeweihten Rundfunkverfassungsrechtler die Zitierung des Rundfunkurteils in Verbindung mit der Feststellung, sie gehöre wie das Sparkassenwesen „zu den Tätigkeiten, die nach allgemeiner Anschauung der organisierten Gemeinschaft, in erster Linie also dem Staat vorbehalten bleiben müssen". — Diese Feststellung ist deswegen schlimm, weil das *Bundesverfassungsgericht* gerade im Rundfunkurteil seine Konzeption eines *staatsfreien* Rundfunks entwickelt hat und in der rundfunkrechtlichen Literatur Einigkeit dahingehend besteht, daß das Rundfunkwesen geradezu einen Prototyp einer *nicht*staatlichen, wohl aber öffentlichen Aufgabe darstellt. Auch ist der zitierte Notarbeschluß, und insbesondere die aus diesem Beschluß zitierte Stelle, fehl am Platze, weil der Notarbeschluß ausdrücklich auf die sog. staatlich gebundenen Berufe gemünzt ist, in deren Zusammenhang die freien Sparkassen nicht gehören.

Der entscheidende Fehler des *VG Schleswig-Holstein* liegt aber schon in der Ausgangsthese, die Gemeinde habe „aus ihrer örtlichen Allzuständigkeit heraus die Sparkassentätigkeit zu ihrer eigenen öffentlichen Aufgabe entwickelt". Damit sei das Sparkassenwesen zu einer „staatlichen Aufgabe" geworden. Diese Ausgangsthese ist von mehreren Fehlvorstellungen beeinflußt. Zunächst einmal ist das Prinzip der Allzuständigkeit in den falschen Kontext gesetzt. Das Prinzip der Allzuständigkeit der Gemeinden ist eine Kompetenznorm, die in den staatlich-kommunalen Zuständigkeitsbereich gehört. Das heißt: durch das Prinzip der Allzuständigkeit wird der Selbstverwaltungsbereich gegenüber den Zuständigkeiten anderer Verwaltungsträger abgegrenzt. Demgegenüber gilt dieses Abgrenzungsprinzip aber nicht im Verhältnis zu Wirtschaftsunternehmen und sonstigen nichtstaatlichen Institutionen und Aufgabenträgern, mit denen die Gemeinde in eine Art Aufgaben- und Zuständigkeitskonkurrenz tritt. Vielmehr ist das Verhältnis des gemeindlichen Wirkungskreises zum Bereich der privaten Agenden gerade nicht nach dem Gedanken der Priorität oder Präponderanz der kommunalen Zuständigkeit, sondern vielmehr nach dem Prinzip der

---
[61] *VG Schleswig-Holstein* JR 1975, 389 (391).
[62] Vgl. JR 1975, 393 rechte Spalte.

Subsidiarität geordnet. Für die wirtschaftliche Betätigung der Gemeinden kommt dies in den Gemeindeordnungen in positivrechtlichen Bestimmungen präzise zum Ausdruck[63]. Davon abgesehen vollzieht sich die Wandlung einer öffentlichen Aufgabe zu einer staatlichen Aufgabe nicht so einfach, wie das *VG Schleswig-Holstein* es sich offenbar vorstellt. Denn nach Auffassung dieses Gerichts soll die Aufgabenumwandlung dadurch eingetreten sein, daß die Gemeinde das Sparkassenwesen „zu ihrer eigenen öffentlichen Aufgabe entwickelt" hat. Mit dem ambitiösen Ausdruck „entwickeln" kann aber im vorliegenden Zusammenhang nur gemeint sein, daß die Gemeinden sich historisch gesehen allmählich auch in das von den Freien Sparkassen begonnene Sparkassenwesen hineinbegeben haben und diese durch eine geheimnisvolle Metamorphose zu Subjekten, die dem öffentlichen Recht unterstehen, umgewandelt haben. Eine solche Auffassung läßt sich weder historisch zu irgendeinem Zeitpunkt näher fixieren noch entspricht sie dem geltenden Verfassungsrecht.

Wenn Staat oder Kommunen sich einer Aufgabe annehmen, so wird diese Aufgabe, *soweit* sie in staatliche oder kommunale Regie genommen wird, prinzipiell eine staatliche resp. kommunale Aufgabe. Wenn also die Gemeinden Sparkassen betreiben, dann ist dies die Erfüllung einer kommunalen Aufgabe; genauso wie es sich als Erfüllung einer kommunalen Aufgabe darstellt, wenn die Gemeinden sich der Armenpflege annehmen oder Sportstätten zur Verfügung stellen etc. Aber damit werden weder die Armenpflege noch die Sportförderung noch das Sparkassenwesen *in toto* zu einer staatlichen oder kommunalen Aufgabe. Sie werden es vielmehr nur, *soweit* die Kommunen selbst diese Aufgaben erfüllen. Soweit jedoch daneben private Gruppen, Verbände und Institutionen inhaltlich dieselbe Gemeinschaftsaufgabe ebenfalls erfüllen, tun sie dies als Privatinstitutionen, bleibt die Aufgabe eine *öffentliche* Aufgabe.

Eine andere Auffassung würde zu grotesken Ergebnissen und Konsequenzen führen. Wer will z. B. dann die Folgerung noch aufhalten, daß auch alle (privaten) Banken *staatliche* Aufgaben erfüllen, weil die Gemeinden mit den Sparkassen praktisch in Bankunternehmen hineingewachsen sind und auch überdies eine Reihe von Landesbanken existieren[64]. Man braucht wenig Phantasie, um zu sehen, daß sich auf diese Weise alle Sozialisierungspläne auf die einfachste Weise lösen ließen.

In Wirklichkeit ist die Auffassung des *VG Schleswig-Holstein* jedoch grundrechtsblind. Es war der Fehler des Gerichts, die Aufgabenkategorien der staatlichen und kommunalen Aufgaben einerseits und der

---

[63] Vgl. *Pagenkopf*, Kommunalrecht, Bd. 2: Wirtschaftsrecht, 1976, S. 147 ff.
[64] Vgl. auch *Bull* JR 1975, 394.

IV. Fehlschluß vom Aufgabencharakter

öffentlichen Aufgaben andererseits nicht auf ihrem verfassungsrechtlichen Hintergrund zu beleuchten. Geht man aber so vor, dann ergibt sich, daß der Staat oder die Gemeinden Private keineswegs ohne weiteres von Agenden ausschließen und diese für sich monopolisieren können. Dies geht schon gar nicht durch einen schlichten faktischen Verdrängungsakt oder — was noch einfacher ist— durch einen fingierten Umwandlungsakt kraft Aufgabenkonkurrenz, wie es sich das *VG Schleswig-Holstein* offenbar vorstellt. Solche Aufgabenumwandlungen scheitern an den Grundrechtspositionen, die ja letztlich nichts anderes garantieren sollen als einen privaten Entfaltungsraum auch im wirtschaftlichen und beruflichen Bereich. Deshalb sind Aufgabenmonopolisierungen des Staates nur nach Maßgabe der Grundrechtspositionen zulässig.

Weil das so ist, kann eine Aufgabenmonopolisierung auch nur durch oder aufgrund einer formalgesetzlichen Regelung erfolgen, nicht jedoch durch einen stillschweigenden oder fingierten Hoheitsakt.

Da von alldem aber im Verhältnis zwischen Freien Sparkassen und kommunalen Sparkassen mit keinem Worte die Rede sein kann, scheidet eine Umwandlung der ursprünglich *öffentlichen* Aufgabe, die die Freien Sparkassen als solche bislang wahrgenommen haben, in eine *kommunale* Aufgabe ersichtlich aus. Damit ist auch die letzte denkbare Möglichkeit abzuweisen, die Freien Sparkassen über die Konstruktion einer Aufgabenumwandlung per se der staatlichen Organisationsgewalt zu unterwerfen.

5. Ergebnis

Die bisherigen Überlegungen lassen sich nach allem wie folgt zusammenfassen:

Die einschlägige Verwaltungsrechtsprechung glaubt gelegentlich eine Gleichbehandlung von kommunalen und Freien Sparkassen aus dem Umstand herleiten zu können, daß beide Institutionen dieselben Aufgaben erfüllen. Ein solcher Schluß erweist sich bei näherem Zusehen als rechtlich unhaltbar. Es wird nämlich verkannt, daß nach der gesicherten Erkenntnis der Staats- und Verwaltungsrechtslehre zwischen staatlichen und öffentlichen Aufgaben unterschieden werden muß. Staatliche Aufgaben sind dabei nur solche, die der Staat nach der geltenden Verfassungsordnung zulässigerweise an sich gezogen hat. Unsere Rechtsordnung kennt demgegenüber zahlreiche Beispiele dafür, daß Staat und Kommunen sowie gesellschaftliche Institutionen nebeneinander Aufgaben erledigen, an deren Erfüllung ein öffentliches Interesse besteht. Diese sog. öffentlichen Aufgaben gehören nicht zum staatlichen oder kommunalen Aufgabenmonopol. Wenn sie deshalb von privaten

Gruppen, Verbänden oder Institutionen oder sonstigen Privaten erfüllt werden, so geschieht dies prinzipiell ohne staatliche und kommunale Einflußnahme. Die Privatinstitutionen, die öffentliche Aufgaben erfüllen, unterliegen insbesondere nicht dem öffentlich-rechtlichen Rechtsregime, dem die staatlichen und kommunalen Aufgabenträger unterstehen. Sie sind auch nicht potentieller Gegenstand der staatlichen oder kommunalen Organisationsgewalt.

V. Keine Zugehörigkeit der Freien Sparkassen zur „mittelbaren Staatsverwaltung"

1. Relevanz der Fragestellung

In der Diskussion über die Frage der Geltung des Regionalprinzips für die Freien Sparkassen wird gelegentlich behauptet, die Freien Sparkassen stünden unter anderem deshalb unter dem Regime des Regionalprinzips, weil sie als Teile der „mittelbaren Staatsverwaltung" anzusehen seien.

Diese These hat allerdings in der einschlägigen Rechtsprechung der Verwaltungsgerichte keinen Widerhall gefunden. Vielmehr ist sie im Gegenteil ausdrücklich abgelehnt worden[65]. Davon abgesehen stellt sich die Frage, wie man aus der mitgeteilten These — ihre Richtigkeit einmal unterstellt — rechtslogisch eine Gleichbehandlung zwischen Freien und kommunalen Sparkassen ableiten will. Denn die kommunalen Sparkassen ihrerseits gehören selbst nicht der mittelbaren Staatsverwaltung an, sondern vielmehr, was ein wesentlicher Unterschied ist, der mittelbaren *Kommunal*verwaltung[66]. Wären aber nach der vereinzelt zu hörenden These die Freien Sparkassen Bestandteile der mittelbaren *Staats*verwaltung, also im Gegensatz zu den kommunalen Sparkassen nicht Glieder der mittelbaren *Kommunal*verwaltung, so ist nicht einzusehen, warum die Freien Sparkassen dann einem Organisationsprinzip unterworfen sein sollten, welches wie das hier in Rede stehende Regionalprinzip sein Anwendungsfeld lediglich im *kommunalen* Raum hat.

---

[65] Vgl. etwa *VG Schleswig-Holstein* JR 1975, 389 (391): „... die freien Sparkassen sind nicht in die mittelbare Staatsverwaltung eingegliedert..."

[66] Vgl. *OVG Lüneburg* OVGE 24, 387 (390); *OVG Münster*, Sparkasse 1966, 149; *VGH Baden-Württemberg*, Sparkasse 1968, 389; *Klaus Stern*, Die kommunalen Sparkassen im Lichte der Rechtsprechung der Verwaltungsgerichtsbarkeit, Sonderdruck aus der Festschrift Sparkassenakademie, 50 Jahre Lehrinstitut 1928 - 1978, S. 19 mit weiteren Nachweisen; abweichend nur die Konzeption von *Thomas Brzoska*, Die öffentlich-rechtlichen Sparkassen zwischen Staat und Kommunen, 1976.

V. Keine Zugehörigkeit zur mittelbaren Staatsverwaltung

Die These von der Zugehörigkeit der Freien Sparkassen zur mittelbaren Staatsverwaltung findet also weder in der Rechtsprechung einen Rückhalt noch ist sie für eine Rechtsanalogie der hier in Betracht stehenden Art tragfähig. Sie könnte damit als irrelevant schlicht zu den Akten gelegt werden. Gleichwohl erscheint eine nähere Darstellung dessen, was man unter „mittelbarer Staatsverwaltung" zu verstehen hat, an dieser Stelle nützlich und geboten. Denn eine solche Besinnung auf institutionelle Grundstrukturen der Staatsverwaltung, die unmittelbar mit dem sogleich zu behandelnden Institut der Staatsaufsicht zusammenhängen, öffnet den Blick für das letztlich relevante Kriterium, nach welchem staatlicher und privater Bereich dort voneinander abzugrenzen sind, wo Staat resp. Kommunen und Private in gleicher Weise öffentliche Aufgaben nebeneinander erfüllen.

2. Entstehung und Begriff der mittelbaren Staatsverwaltung

In der letzten Auflage seines Lehrbuches schreibt *Forsthoff*:

„Mittelbare Staatsverwaltung ist die nicht von den unmittelbaren Staatsbehörden, sondern von selbständigen, d. h. rechtsfähigen Trägern wahrgenommene Verwaltung staatlicher Aufgaben. Sie ist dezentralisierte Verwaltung in dem oben bezeichneten Sinne. Der Begriff der mittelbaren Staatsverwaltung ist jungen Datums. Er gehört der Verwaltungsgeschichte der letzten beiden Jahrzehnte an. Gewiß hat es rechtsfähige Verwaltungseinheiten lange vorher gegeben. Aber es fehlte ihre Zusammenfassung unter einen einheitlichen Begriff. An die Bildung eines solchen Begriffs war erst zu denken, als diese rechtsfähigen Verwaltungseinheiten auf eine gewisse, übereinstimmende strukturelle Typik gebracht waren und funktionell in der übersehbaren Einheit eines Wirkungszusammenhangs aufgingen. Das ist jedoch erst im Laufe der letzten Jahrzehnte geschehen[67]."

Nach dieser Bemerkung, die sich mit gleichen Zeitangaben auch in den Vorauflagen findet[68], datiert *Forsthoff* die begriffliche Fixierung des Phänomens der mittelbaren Staatsverwaltung auf den Beginn der 30er Jahre zurück. Freilich muß man trennen zwischen dem Begriff und dem realen Phänomen der mittelbaren Staatsverwaltung, d. h. der dezentralisierenden Ausgliederung „rechtsfähiger Verwaltungseinheiten"[69] aus dem unmittelbaren Behördenapparat des Staates. Das Phänomen als solches ist nicht neu, sondern war auch dem liberalen Staat[70] und demzufolge auch dem konstitutionellen Verwaltungsrecht vertraut[71]. Doch fällt die erste wissenschaftliche Durchdringung und

---
[67] *Ernst Forsthoff*, Lehrbuch des Verwaltungsrechts, 10. Aufl. 1973, S. 471.
[68] Vgl. z. B. 8. Aufl. 1961, S. 412.
[69] So die Formulierung von *Arnold Köttgen*, Die rechtsfähige Verwaltungseinheit, VerwArch 1939, S. 1 ff.
[70] Vgl. *Hans Peters*, Lehrbuch der Verwaltung, 1949, S. 110.
[71] Vgl. *Otto Mayer*, Deutsches Verwaltungsrecht, 2. Bd., 3. Aufl. 1924, S. 322 ff.

Fixierung des Problems der mittelbaren Staatsverwaltung nicht ohne Grund in die Zeit nach 1930[72]. Denn dies ist bekanntlich jene Zeit, in der mit den Notverordnungen des Reichspräsidenten in den Jahren 1930 - 1932 die „Ausbildung des totalen Verwaltungsstaates" einsetzte, der unter dem nationalsozialistischen Regime weiter perfektioniert worden ist[73].

So fällt für die Gesetzgebung der Zeit von 1933 bis 1945 schon rein statistisch eine erhebliche Zunahme der Zahl der juristischen Personen des öffentlichen Rechts auf. Der politische Hintergrund dieser statistischen Ziffern ist schnell erklärt. Trotz aller Vorzüge und ideologieneutralen Gründe einer Ausgliederung von rechtsfähigen Verwaltungseinheiten, die in ihrer Gesamtheit die mittelbare Staatsverwaltung manifestieren, hat die Ausbreitung der mittelbaren Staatsverwaltung in Deutschland einen handfesten politischen Sinn gehabt, der sich mit der Wendung zum totalen Verwaltungsstaat erklärt. „Der totale Staat, der mit dem Pluralismus der vorangehenden Zeit aufräumen und grundsätzlich alle Lebensgebiete seiner Zuständigkeit unterwerfen wollte, mußte die unüberwindlichen Schwierigkeiten erkennen, alle Gebiete, die er zu beherrschen suchte, durch eigene staatliche Organe verwalten zu lassen. So wurde auch ihm die rechtsfähige Verwaltungseinheit ein willkommenes Hilfsmittel, der Eigengesetzlichkeit jener Gebiete Rechnung zu tragen, zugleich aber doch die Erhebung in die Sphäre der öffentlichen oder staatlichen Angelegenheiten sicherzustellen oder gar seinen Führungsanspruch in dieser Rechtsform geltend zu machen (Leitungsverbände)[74]." Zumal von den Leitungsverbänden ist bekannt, daß sie in der Verkleidung selbständiger öffentlich-rechtlicher juristischer Personen dem Staat dazu dienen sollten, gleichsam unerkannt um so massiver auf neue Lebensbereiche zuzugreifen. Unverkennbar und auch von der zeitgenössischen Literatur klar hervorgehoben ist der Wesenszug der Ausbildung der mittelbaren Staatsverwaltung nicht die Dezentralisierung des einheitlichen staatlichen Verwaltungsapparates, sondern vielmehr das Bestreben, bislang der staatlichen Verwaltung verschlossene oder ihr entfernte Bereiche unter die Botmäßigkeit der staatlichen Verwaltung zu bringen und dem für den nationalsozialistischen Staat kennzeichnenden staatlichen Führungsanspruch unterzuordnen[75]. Die Begründung der mittelbaren Staats-

---

[72] Repräsentativ die noch heute für diesen Komplex maßgeblichen Monographien von *Arnold Köttgen*, Die rechtsfähige Verwaltungseinheit, VerwArch 1939, S. 1 ff.; *Werner Weber*, Die Körperschaften, Anstalten und Stiftungen des öffentlichen Rechts, eine Darstellung ihrer gegenwärtigen Ordnung, 2. Aufl. 1943.

[73] Vgl. *Werner Weber*, Die Körperschaften, Anstalten und Stiftungen des öffentlichen Rechts, 2. Aufl. 1943, S. 20; *Hans Peters*, Lehrbuch der Verwaltung, 1949, S. 104.

[74] So *Hans Peters*, Lehrbuch der Verwaltung, 1949, S. 110.

V. Keine Zugehörigkeit zur mittelbaren Staatsverwaltung

verwaltung war deshalb „vielfach begleitet von einer organisatorischen Aufsaugung bisheriger privatrechtlicher Einrichtungen, die in der Vergangenheit der gegenständlichen gleichen Aufgabe, wenn auch mit anderer Zielsetzung, gedient hatten"[76]. Mit der Ausbreitung der Staatlichkeit mittels des organisatorischen Instrumentes der „mittelbaren Staatsverwaltung" wurde ein eigenes Verwaltungsrecht der mittelbaren Staatsverwaltung entwickelt, welches die Aufgabe hatte, den neu dimensionierten Bereich der Staatsverwaltung durch Ausbildung der Staatsaufsicht zu integrieren und unter einheitliche Ordnungsgrundsätze zu stellen[77].

Als das Phänomen der mittelbaren Staatsverwaltung in Deutschland dogmatisch bewußt wurde, was es somit etatistisch durchtränkt und mit dem Makel des totalen Staates behaftet. Von diesem Ideologieverdacht hat sich der Begriff der mittelbaren Staatsverwaltung auch unter der Geltung des Grundgesetzes nicht zu befreien vermocht[78].

Begrifflich werden also mit dem terminus der „mittelbaren Staatsverwaltung" juristisch verselbständigte Aufgabenträger des öffentlichen Rechts erfaßt, die nicht dem privaten, sondern dem staatlichen Organisationsbereich zuzurechnen sind.

3. Sinn und Zweck der Begriffsbildung

Die historische Hypothek, die den Begriff der mittelbaren Staatsverwaltung nach dem Vorgesagten ideologisch belastet, darf aber nicht den Blick dafür versperren, daß die Bildung des Begriffs der mittelbaren Staatsverwaltung durchaus einen praktischen und rechtstechnisch sinnvollen Zweck verfolgt. Abgesehen von einem staatstotalitären Begriffsmißbrauch ist es verwaltungsdogmatisch nützlich, die rechtsfähigen Verwaltungseinheiten, die zur Staatsverwaltung gehören, begrifflich zu vereinen, um ihre Gemeinsamkeiten festzustellen und für sie gemeinsame verwaltungsrechtliche Grundsätze zu entwickeln. Diese Aufgabe stellt sich auch und gerade in der Gegenwart, weil die mittelbare Staatsverwaltung aus vielerlei Gründen[79] auch in einem nicht-

---

[75] Vgl. z. B. deutlich *Köttgen*, Die rechtsfähige Verwaltungseinheit, VerwArch 1939, S. 92 und 96.

[76] *Köttgen*, wie vorige Fußnote, S. 92.

[77] Vgl. *Werner Weber*, Die Körperschaften, Anstalten und Stiftungen des öffentlichen Rechts, 2. Aufl. 1943, S. 13 und passim.

[78] Vgl. die Kontroverse zwischen *Karl Linckelmann*, Zum staatsrechtlichen Lehrbegriff der „mittelbaren Staatsverwaltung", DÖV 1959, 561 ff.; *derselbe*, Nochmals: Zum staatsrechtlichen Lehrbegriff der „mittelbaren Staatsverwaltung", DÖV 1959, 813 ff., und *Fritz Rietdorf*, Zum staatsrechtlichen Lehrbegriff der „mittelbaren Staatsverwaltung", DÖV 1959, 671 ff.

[79] Vgl. die Darstellung bei *Hans Peters*, Lehrbuch der Verwaltung, 1949, S. 105 ff.

totalitären System eine verbreitete Organisationsform der Dezentralisation darstellt und hier ganz im Gegensatz zu den historischen Ursprüngen der Begriffsbildung in Deutschland die Gefahr heraufbeschwört, daß eine zu weitgehende Dezentralisierung die Einheit des Staatsganzen gefährdet und deshalb straffere Rückbindungen der administrativen „Trabanten" an das Muttergemeinwesen erfordert.

Ist also der Sinn der Begriffsbildung der mittelbaren Staatsverwaltung der, gleichartige Phänomene einem „eigenen Verwaltungsrecht der mittelbaren Staatsverwaltung" zu unterstellen[80], so ist es vonnöten festzustellen, welches Kriterium diese Gleichartigkeit der „rechtsfähigen Verwaltungseinheiten" bestimmt, mit anderen Worten: welches Merkmal dazu berechtigt, eine „Verwaltungseinheit" im weiteren Sinne der sog. mittelbaren Staatsverwaltung zuzuschlagen.

Überblickt man das einschlägige Schrifttum, so ergibt sich, daß insoweit mehrere Kriterien nebeneinander genannt werden.

4. Kennzeichen mittelbarer Staatsverwaltung

a) Aufgabenbereich

Überblickt man die einschlägigen Stellungnahmen, so ergibt sich ein Einverständnis darüber, daß das Verbindende der Träger mittelbarer Staatsverwaltung, anders gesagt: zumindest ein die Träger der mittelbaren Staatsverwaltung kennzeichnendes Moment der staatliche Charakter ihres Funktionsbereiches ist. Auch *Forsthoff* erfaßt in der von ihm gegebenen Begriffsbestimmung der mittelbaren Staatsverwaltung, die im Fachschrifttum als maßgeblich betrachtet werden kann, nur die Wahrnehmung *staatlicher* Aufgaben[81]. Und *Rietdorf* versucht die ideologische Belastung, die dem Begriff der mittelbaren Staatsverwaltung nach der deutschen Verwaltungsentwicklung anhaftet, dadurch abzuwerfen, daß er für die Umreißung der mittelbaren Staatsverwaltung entscheidend auf den Charakter der wahrzunehmenden Aufgaben abstellt. Er schreibt:

„Die wirkliche Einflußnahme der verschiedenen Staatsauffassungen und damit die entscheidende Trennung der Geister setzt vielmehr erst dort ein, wo der Staat bestimmt, welche Aufgaben ‚Staatsaufgaben an sich' sind. Damit steckt er gleichzeitig auch den Bereich derjenigen Aufgaben ab, die für die mittelbare Staatsverwaltung in Betracht kommen. Gleichzeitig werden dadurch diejenigen Lebensbereiche ausgeklammert, die außerstaatlichen Charakter haben und damit, wie beispielsweise nach den rechtsstaatlichen Grund-

---

[80] In diesem Sinne etwa *Werner Weber*, Die Körperschaften, Anstalten und Stiftungen des öffentlichen Rechts, 2. Aufl. 1943, S. 13; *Fritz Rietdorf*, Zum staatsrechtlichen Lehrbegriff der mittelbaren Staatsverwaltung, DÖV 1959, 671 (672).

[81] Vgl. *Forsthoff*, Lehrbuch des Verwaltungsrechts, 10. Aufl. 1973, S. 471.

prinzipien Ehe und Familie, Kirchen, politische Parteien und Gewerkschaften, weder einer unmittelbaren noch einer mittelbaren Staatsverwaltung zugänglich sind. Eine freiheitszerstörende Wirkung geht daher nicht von dem Begriff der mittelbaren Staatsverwaltung, sondern von der falschen Grenzziehung zwischen den staatlichen und außerstaatlichen Aufgaben aus[82]."

Mit dieser Bemerkung stößt *Rietdorf* unzweifelhaft ins Zentrum des Problems vor. *Staats*verwaltung — gleichgültig ob mittelbar oder unmittelbar — kann es, soll der Begriff überhaupt einen Sinn haben, nur dort geben, wo der Inhalt der Verwaltung sich auf die Erfüllung *staatlicher* Aufgaben richtet. Damit konzentriert sich das ganze Problem auf die Abgrenzung und Präzisierung staatlicher Aufgaben und mündet damit in die schon erörterte Abgrenzung von staatlichen und öffentlichen Aufgaben[83].

b) Organisationsform

Weiterhin stellt sich die Frage, ob auch die Organisationsform einer Institution ein essentiale oder ein bloßes accidens der mittelbaren Staatsverwaltung darstellt. Gewiß sind die Träger der mittelbaren Staatsverwaltung im Regelfalle öffentlich-rechtlich organisiert. Und es hat sich demgemäß eingebürgert, unter mittelbarer Staatsverwaltung die juristischen Personen des öffentlichen Rechts (Körperschaften, Anstalten und Stiftungen) zu begreifen, die durch die Staatsaufsicht an das Muttergemeinwesen zurückgebunden werden. Sieht man zunächst einmal von der Bedeutung der Staatsaufsicht ab, auf die noch besonders zurückzukommen sein wird, und läßt man ferner den hier zunächst nicht interessierenden Streit um den Gegensatz von Staatsverwaltung und Selbstverwaltung beiseite, so ist systematisch die Frage zu stellen, ob die Korrespondenz von mittelbarer Staatsverwaltung und öffentlich-rechtlicher Organisationsform der Verwaltungsträger essentielle Bedeutung hat.

Hält man an dem Charakter der Aufgaben als dem entscheidenden Kriterium fest, so kann die Organisationsform eines Verwaltungsträgers nur dann mittelbare Staatsverwaltung indizieren, wenn einerseits *staatliche* Aufgaben stets *nur* durch Verwaltungsträger wahrgenommen werden können, die öffentlich-rechtlich organisiert sind und andererseits *nichtstaatliche* Aufgaben durch öffentlich-rechtlich organisierte Verwaltungsträger nicht wahrgenommen werden dürfen. Nur wenn also eine feste Korrespondenz zwischen Aufgabencharakter und Organisationsform des Aufgabenträgers bestünde, wäre die Organisationsform ein zuverlässiges Mittel und Kriterium, um den Umkreis der mittelbaren Staatsverwaltung einzugrenzen. Indessen läßt sich leicht

---

[82] *Fritz Rietdorf*, Zum staatsrechtlichen Lehrbegriff der „mittelbaren Staatsverwaltung", DÖV 1959, 671 f.
[83] Dazu unter IV.

der Beweis führen, daß eine solche Korrespondenz nicht existiert[84]. Jedoch bedürfen diese Zusammenhänge hier keiner weiteren Vertiefung. Denn die Organisationsform kann allenfalls dann schon als solche die Zugehörigkeit eines Aufgabenträgers zur mittelbaren Staatsverwaltung indizieren, wenn der betreffende Aufgabenträger als juristische Person des öffentlichen Rechts organisiert ist. Da dies bei der Frankfurter Sparkasse von 1822 ersichtlich nicht der Fall ist, scheidet eine rechtliche Indizwirkung der Organisationsform a limine aus.

c) Anbindung durch Staatsaufsicht

In der grundlegenden Monographie zur mittelbaren Staatsverwaltung von *Werner Weber*[85] heißt es wie folgt:

„Daß sämtliche juristischen Personen des öffentlichen Rechts der staatlichen Aufsicht unterstehen, ist bekannt: Vielfach wird sogar die Unterstellung eines Verbandes oder einer Einrichtung unter Staatsaufsicht als charakteristisches und ausschlaggebendes Merkmal dafür angesehen, daß man es überhaupt mit juristischen Personen des öffentlichen Rechts zu tun hat. Das trifft allerdings in solcher Allgemeinheit nicht zu, weil es unstreitig auch zahlreiche Vereine und Unternehmungen des Privatrechts unter behördlicher Aufsicht gibt; es kommt vielmehr darauf an, ob die Aufsicht darauf gerichtet und danach ausgestaltet ist, die beaufsichtigten Verbände und Einrichtungen an das System der staatlichen Verwaltung „anzuschließen", also den Bereich mittelbarer Staatsverwaltung zu integrieren."

Im Kern treffen die vorstehenden Sätze jene Auffassung, die trotz beachtlicher Einwände[86] bis in die Gegenwart allgemein verbreitet ist[87]. Die Aufsicht des Staates gilt als Instrument, welches die rechtsfähigen Träger mittelbarer Staatsverwaltung an das Muttergemeinwesen zurückbindet und auf diese Weise die Einheit der Verwaltung und der Staatsgewalt gewährleistet[88]. Dieser Zweck der Integration des staatlichen Verwaltungskörpers zeigt aber, daß die Staatsaufsicht *Konsequenz* der Zugehörigkeit zur mittelbaren Staatsverwaltung ist, nicht jedoch diese Zugehörigkeit erst konstituiert. Mit anderen Worten: die Staatsaufsicht hängt von den Aufgaben ab — nicht umgekehrt. Die Staatsaufsicht ist also ebenso wie die öffentlich-rechtliche Organisationsform allenfalls Erkennungszeichen mittelbarer Staatsverwaltung, nicht aber konstituierendes, essentielles Merkmal. Der staatliche Aufgabenbereich einer

---

[84] Vgl. *Ossenbühl*, Rundfunk zwischen Staat und Gesellschaft, 1975, S. 28 ff.

[85] Die Körperschaften, Anstalten und Stiftungen des öffentlichen Rechts, 2. Aufl. 1943, S. 23 f.

[86] Vgl. z. B. *Brohm*, Strukturen der Wirtschaftsverwaltung, 1969, S. 218 ff.

[87] Vgl. *Hans Jecht*, Die öffentliche Anstalt, 1963, S. 85 ff.

[88] Vgl. *Gerhard Leibholz*, Rechtsgutachten zur staatlichen Rechtsaufsicht über die Programmgestaltung, Schriftenreihe des ZDF, Heft 11, Rdnr. 12; *Wufka*, Die verfassungsrechtlich-dogmatischen Grundlagen der Rundfunkfreiheit, 1971, S. 108.

V. Keine Zugehörigkeit zur mittelbaren Staatsverwaltung

Verwaltungsinstitution und ihre Unterstellung unter staatliche Aufsicht verhalten sich wie Ursache und Folge. Dennoch ist auch hier der Schluß von der Folge auf die Ursache nicht erlaubt. Dies gilt nicht etwa nur deswegen, weil es auch Beispiele staatsaufsichtsfreier Verwaltungseinheiten mit staatlichem Agendenbereich gibt (z. B. Bundesbank), sondern insbesondere auch deswegen, weil die Staatsaufsicht kein einheitliches Institut darstellt. Daß von dem Vorhandensein einer Staatsaufsicht nicht ohne weiteres auf die Staatlichkeit des Agendenbereichs geschlossen werden kann, beweist schon die Staatsaufsicht über Privatschulen[89].

Der Grund für die mangelnde Unterscheidungskraft der „Staatsaufsicht" liegt unter anderem darin, daß sie auf zwei unterschiedlichen Motiven beruhen kann. Einmal kann sie aus dem Gedanken des Demokratiegebotes und dem Grundsatz der Ministerverantwortlichkeit geboten sein: in diesem Falle liegt eine Staatsaufsicht über die Erfüllung staatlicher Aufgaben vor. Zum anderen kann die „Staatsaufsicht" aber auch der Überwachung privater Tätigkeiten dienen, wie dies in verbreitetem Maße in der Wirtschaft der Fall ist[90]. In diesem Falle liegen keinerlei Verbindungen zur mittelbaren Staatsverwaltung vor. Da es also einerseits juristische Personen des öffentlichen Rechts gibt, die von der Staatsaufsicht freigestellt sind, andererseits juristische Personen des Privatrechts existieren, die einer Staatsaufsicht unterliegen, ist die im einschlägigen Schrifttum gezogene Folgerung unausweichlich, daß die Staatsaufsicht als Abgrenzungskriterium ausscheidet[91].

5. Ergebnis

Die vorstehenden Erwägungen haben gezeigt, daß mit dem Begriff der mittelbaren Staatsverwaltung rechtlich verselbständigte staatliche oder kommunale Verwaltungseinheiten erfaßt werden, die staatliche (kommunale) Aufgaben erfüllen und deshalb in den Zusammenhang staatlicher (kommunaler) Legitimation und Kontrolle integriert sind. Die Organisationsform und die Existenz einer Staatsaufsicht bilden allenfalls Indizien, keinesfalls jedoch konstituierende Elemente für die Zugehörigkeit zur mittelbaren Staatsverwaltung. Das entscheidende Kriterium stellt vielmehr der Charakter der wahrgenommenen Auf-

---

[89] Vgl. *Hans Peters*, Öffentliche und staatliche Aufgaben, in: Festschrift für Nipperdey, II, 1965, S. 889 f.; zu einem anderen Fall: *Herschel*, Staatsentlastende Tätigkeit im Arbeitsschutz, ebenda S. 226.

[90] Vgl. *Martin Bullinger*, Staatsaufsicht in der Wirtschaft, VVDStRL 22, 264 ff.

[91] Vgl. *Jürgen Mielke*, Die Abgrenzung der juristischen Person des öffentlichen Rechts von der juristischen Person des Privatrechts, Diss. Hamburg, 1965, S. 117 ff. (132); vgl. auch *Rinken*, Das Öffentliche als verfassungstheoretisches Problem, S. 87 FN 2.

gabe dar. Zur mittelbaren Staatsverwaltung gehören danach nur solche Aufgabenträger, die *staatliche* Aufgaben erfüllen. Die Freien Sparkassen nehmen zwar *öffentliche, nicht* aber staatliche (kommunale) Aufgaben wahr. Infolgedessen gehören sie weder zur mittelbaren Staatsverwaltung noch zur mittelbaren Kommunalverwaltung[92].

VI. Zur Staatsaufsicht über kommunale und Freie Sparkassen

Die analoge Anwendung des Regionalprinzips auf die Frankfurter Sparkasse von 1822 ist gelegentlich aus dem Umstand abgeleitet worden, daß sie ebenso wie die kommunalen Sparkassen einer Staatsaufsicht unterliegt. Dieser Argumentation gilt es im folgenden nachzugehen.

1. Tatsächlicher Befund

Die Staatsaufsicht über die Frankfurter Sparkasse beruht nicht auf Gesetz, sondern auf einer in der Satzung der Sparkasse vorgesehenen Bestimmung. Nach den mir übermittelten Informationen erfolgte die Unterstellung unter die Staatsaufsicht erstmals im Jahre 1937. Bestimmend war hierbei ein durch das nationalsozialistische Regime auf die Sparkasse ausgeübter Druck, wobei die damaligen Staaatsbehörden die Staatsaufsicht gleichsam als Korrelat für die der Frankfurter Sparkasse von 1822 zuerkannte Mündelsicherheit verstanden wissen wollten. Dementsprechend taucht erstmals in der Satzung vom 1. August 1937 folgende Vorschrift auf:

„§ 1

(1) . . . .

(2) Der Sparkasse ist gemäß § 22 des Bürgerlichen Gesetzbuches Rechtsfähigkeit verliehen; sie steht unter Aufsicht des Oberpräsidenten der Provinz Hessen-Nassau und ist zur Anlegung von Mündelgeld geeignet."

Die Korrespondenz von Staatsaufsicht und Zuerkennung der Mündelsicherheit kommt also schon im Satzungstext klar und unmißverständlich zum Ausdruck.

Die Information, daß die Unterwerfung unter die Staatsaufsicht auf den Druck des nationalsozialistischen Regimes zurückzuführen ist, wird durch zwei Umstände bekräftigt. Zum einen ist bemerkenswert, daß der Frankfurter Sparkasse von 1822 die Befugnis, Mündelgelder zu verwalten, schon vom Zeitpunkt ihrer Errichtung an zustand und daß die Mündelsicherheit dieser Sparkasse auch im folgenden Jahrhundert

---

[92] Ebenso *Ernst Forsthoff*, Gutachten, S. 26; *Hans Peter Ipsen*, Zum Recht der freien Sparkassen, in: Festschrift für Hans Wüstendörfer, S. 73 ff. (87 ff.).

VI. Zur Staatsaufsicht über kommunale und Freie Sparkassen

durch die Gerichte und Staatsbehörden mehrfach anerkannt worden ist[93]. Unter diesen Umständen liegt der Schluß nahe, daß die nochmalige Zuerkennung der Mündelsicherheit nur als Vorwand dazu gedient hat, um der Frankfurter Sparkasse von 1822 die Unterwerfung unter die Staatsaufsicht abzufordern. Eine solche Würdigung der Geschehnisse geht auch konform mit den unverkennbaren und von der zeitgenössischen Literatur klar hervorgehobenen Bestrebungen des nationalsozialistischen Regimes, bislang der staatlichen Verwaltung verschlossene oder ihr entfernte Bereiche des gesellschaftlichen, wirtschaftlichen und privaten Lebens unter die Botmäßigkeit der staatlichen Verwaltung zu bringen und dem für den nationalsozialistischen Staat kennzeichnenden Führungsanspruch unterzuordnen[94].

Die im Jahre 1937 eingeführte Staatsaufsichtsklausel ist in den Satzungen der folgenden Jahre wiederholt worden. In der jetzt gültigen Fassung der Satzung vom 5. Mai 1978 heißt es in § 1 Abs. 3 wie folgt:

„Die Sparkasse ist rechtsfähig durch staatliche Verleihung gemäß § 22 des Bürgerlichen Gesetzbuches; sie ist zur Anlegung von Mündelgeldern geeignet und steht unter staatlicher Aufsicht. Aufsichtsbehörde ist der Hessische Minister für Wirtschaft und Technik."

2. Fragestellungen

Aus dem Bestehen einer Staatsaufsicht werden in verschiedenen Ableitungszusammenhängen Folgerungen hergeleitet, aus denen sich die Geltung des Regionalprinzips auch für die Frankfurter Sparkasse von 1822 ergeben soll[95].

Zum einen wird die Meinung vertreten, die Staatsaufsicht habe die Aufgabe, darüber zu wachen, daß die nach dem Sparkassengesetz vorgesehenen sparkassenrechtlichen Prinzipien eingehalten würden; dazu gehöre auch das Regionalprinzip gemäß § 1 Abs. 3 HessSpkG[96]. Zum anderen findet man die These, die Staatsaufsicht über die kommunalen Sparkassen sei mit der Staatsaufsicht, der sich die Frankfurter Sparkasse von 1822 unterstellt hat, qualitativ und quantitativ identisch, so

---

[93] Vgl. *Günther E. H. Stolzenburg*, Die rechtliche Sonderstellung der Freien Sparkassen im deutschen Sparkassenwesen, Hamburg 1956, S. 51; *Wolfgang Schmitt-Wellbrock*, Zur Rechtsstellung der freien Sparkassen als freigemeinwirtschaftliche Unternehmen unter besonderer Berücksichtigung der Frage nach der Geltung des Regionalprinzips, Diss. Frankfurt 1978, S. 170.

[94] Vgl. z. B. *Hans Peters*, Lehrbuch der Verwaltung, 1949, S. 110; *Arnold Köttgen*, Die rechtsfähige Verwaltungseinheit, VerwArch 1939, S. 92 und 96; ferner oben unter V. 2.

[95] Vgl. im einzelnen *Schlierbach*, Das Regionalprinzip und die Errichtung von Zweigstellen durch die Frankfurter Sparkasse von 1822, 1972, S. 44 ff. (unveröffentlicht).

[96] So *Schlierbach*, wie vorige FN, S. 46.

daß die gemeinsame Staatsaufsicht infolgedessen eine Grundlage für die Gleichbehandlung beider Gattungen von Sparkassen abgebe.

3. Staatsaufsicht und Aufsichtsmaßstab

Was die zuerst genannte Argumentation anbetrifft, so hat schon *Forsthoff* mit Recht darauf hingewiesen, daß ihr ein undifferenzierter, vom Aufsichtsmaßstab abgehobener Staatsaufsichtsbegriff zugrundeliegt[97]. Im folgenden Abschnitt der Darlegungen wird noch im einzelnen zu erörtern sein, daß unter dem Sammelbegriff der Staatsaufsicht höchst unterschiedliche rechtliche Sachverhalte zusammengefaßt werden, die zum Teil nichts miteinander zu tun haben. Es wird sich dann auch zeigen, daß die Staatsaufsicht über die kommunalen Sparkassen einen anderen Zweck verfolgt und infolgedessen auch inhaltlich anders strukturiert ist als die Staatsaufsicht über die Freien Sparkassen. Dies alles soll an dieser Stelle noch nicht vorweggenommen werden. Es bedarf eines solchen thematischen Vorgriffs nicht, um zu erkennen, daß die von *Schlierbach* vorgetragene Meinung abwegig ist.

Der Staatsaufsicht als Rechtsinstitution ist kein für alle Fälle fest umrissener Aufsichtsmaßstab zugeordnet. Vielmehr hängt die Frage, wieweit die Staatsaufsicht reicht, davon ab, zu welchem Zweck sie vorgesehen ist und worauf sie sich erstrecken soll. Ohne schon an dieser Stelle eine detaillierte Darstellung der Staatsaufsicht über die Frankfurter Sparkasse von 1822 vorzuführen, läßt sich die Feststellung treffen, daß Aufsichtsmaßstab jedenfalls nicht ein staatliches Gesetz sein kann, welches ersichtlich nicht an die Freien Sparkassen adressiert ist, sondern als Verpflichtete und Normadressaten nur die kommunalen Sparkassen bezeichnet. Infolgedessen ist der von *Schlierbach* gezogene Schluß verfehlt, die freiwillige Unterstellung unter die Staatsaufsicht durch die Frankfurter Sparkasse von 1822 habe bewirkt, daß nunmehr der Staat darüber zu wachen habe, daß die Frankfurter Sparkasse von 1822 die Prinzipien des Hessischen Sparkassengesetzes und damit auch das Regionalprinzip des § 1 Abs. 3 dieses Gesetzes einhalte.

Wie bereits in früherem Zusammenhang nachgewiesen, findet das in § 1 Abs. 3 des Hessischen Sparkassengesetzes statuierte Regionalprinzip auf die Frankfurter Sparkasse von 1822 keine Anwendung. Daran kann die freiwillige Unterstellung unter die Staatsaufsicht nichts ändern. Denn die Staatsaufsicht besteht nach Maßgabe der Gesetze, nicht aber bestehen die Gesetze nach Maßgabe der Staatsaufsicht. Die Argumentation von *Schlierbach* stellt deshalb die allgemein anerkannte Rechtslage auf den Kopf, wenn nach ihr von der Staatsaufsicht auf den Gesetzes-

---

[97] Vgl. *Ernst Forsthoff*, Gilt für die Frankfurter Sparkasse von 1822 das Regionalprinzip?, 1973, S. 26 (unveröffentlicht).

VI. Zur Staatsaufsicht über kommunale und Freie Sparkassen

inhalt geschlossen werden soll[98]. In dem hier in Rede stehenden konkreten Fall war überdies mit der freiwilligen Unterstellung unter die Staatsaufsicht auch keinesfalls eine Egalisierung des Rechtsstatus der Frankfurter Sparkasse von 1822 mit dem Rechtsstatus der kommunalen Sparkassen gewollt. Vielmehr war die von der Frankfurter Sparkasse von 1822 akzeptierte Staatsaufsicht nur als Korrelat, als „Gegengabe" für die aufsichtsbehördliche Prädikatisierung als „mündelsichere Sparkasse" gedacht. Infolgedessen kann auch logischerweise der Umfang der Staatsaufsicht nur von diesem Sinn und Zweck her umrissen werden.

4. Staatsaufsicht als Analogiestütze

Die zweite Argumentation, der im folgenden nachzugehen ist, führt den Bestand einer Staatsaufsicht als Stütze für eine analoge Anwendung des § 1 Abs. 3 des Hessischen Sparkassengesetzes auf die Frankfurter Sparkasse von 1822 an. Nach den rechtslogischen Voraussetzungen und Bedingungen der Rechtsfigur der Analogie kann eine solche Argumentation nur Bestand haben, wenn die Staatsaufsicht über die kommunalen Sparkassen im Verhältnis zur Staatsaufsicht über die Frankfurter Sparkasse von 1822 als „rechtsähnlich" qualifiziert werden kann[99]. Ein solches Urteil der Rechtsähnlichkeit läßt sich nur dann treffen, wenn Sinn und Zweck der Staatsaufsicht und die innere Ausgestaltung, das heißt die Aufsichtsmaßstäbe und die Aufsichtsinstrumente, der Staatsaufsicht in beiden Fällen kongruent oder doch weitestgehend angenähert sind.

a) *Sinn, Funktion und Formen der Staatsaufsicht*

Mit dem Begriff der Staatsaufsicht werden höchst heterogene rechtliche Tatbestände bezeichnet, so daß die Staatsaufsicht keineswegs als eine einheitliche juristische Kategorie verstanden werden kann[100].

Sieht man von den vielfältigen Sinngehalten und Nuancierungen dieser Kategorie ab, so sind zunächst zwei Bereiche voneinander zu unterscheiden, in denen zwar Staatsaufsicht heimisch ist, die aber der Sache nach nichts miteinander zu tun haben. Die damit angesprochene Zweiteilung kommt auch in der Themenwahl der Staatsrechtslehrer-

---

[98] *Forsthoff*, Gilt für die Frankfurter Sparkasse von 1822 das Regionalprinzip?, 1973, S. 26 (unveröffentlicht), spricht von einem „Zirkelschluß", womit die *Schlierbach*sche Argumentation noch freundlich charakterisiert wird.

[99] Vgl. zur Struktur des Analogieschlusses oben unter III. 1.

[100] Dies lehrt schon ein Blick etwa in die Darstellung bei *Wolff/Bachof*, Verwaltungsrecht II, 4. Aufl. 1976, § 77 II; vgl. auch *Hubertus Haller*, Wesen und Entwicklung der Staatsaufsicht über die kommunalen Sparkassen unter Berücksichtigung der verfassungsrechtlichen Grenzen der Bundesaufsicht, Diss. Würzburg 1970, S. 31 mit weiteren Nachweisen.

tagung von 1963 „Staatsaufsicht in Verwaltung und Wirtschaft" deutlich zum Ausdruck[101]. Danach ist die Staatsaufsicht zunächst ein Instrument zur Integration des Staates und der staatlichen und kommunalen Verwaltung. Als Organaufsicht kommt ihr die Aufgabe zu, vor- und nachgeordnete Behörden und Verwaltungsstellen zu einer funktionalen Einheit zu verbinden; als Körperschaftsaufsicht oder Verbandsaufsicht bildet sie ein Korrelat zur Institution der Selbstverwaltung; als solche verfolgt sie den Zweck, die Einordnung autonomer Verwaltungseinheiten in die staatliche Gemeinschaft und Rechtsordnung zu überwachen und zu gewährleisten. Mit der Staatsaufsicht über die juristischen Personen des öffentlichen Rechts ebenso wie über nachgeordnete unselbständige Verwaltungsstellen verwirklicht der Staat das Interesse an seiner eigenen Organisation[102]. Hier ist der Staat gleichsam mit sich selbst beschäftigt.

Entgegengesetzt liegen die Dinge bei der Staatsaufsicht über privates Handeln. Die Staatsaufsicht in der Wirtschaft[103] bildet aus diesem Wirkungskreis nur einen speziellen, wenn auch qualitativ und quantitativ sicher den bedeutsamsten Ausschnitt[104].

Die Staatsaufsicht über privates Handeln ist ein Überbleibsel aus absolutistischen Zeiten und bedarf aus heutiger verfassungsrechtlicher Sicht stets einer besonderen Rechtfertigung. Sie hat sich entwicklungsgeschichtlich aus der alten Oberaufsicht, dem jus supremae inspicionis, herausgebildet. Das jus supremae inspicionis wurde im 16. Jahrhundert als Ausfluß der alles umfassenden landesherrlichen Fürsorge verstanden und äußerte sich in einer energischen Aufsicht über Kirchen, Universitäten und Schulen ebenso wie über Erwerbstätigkeit und sogar den Lebenswandel der Untertanen[105].

Noch im 18. Jahrhundert galt das jus supremae inspicionis als allgemein anerkanntes Hoheitsrecht des Monarchen, dem die Befugnis zuerkannt wurde, alle das Gemeinwohl betreffenden Angelegenheiten zu untersuchen, zu fördern oder je nach Lage des Falles auch zu unterbinden.

Auch heute noch hat die Staatsaufsicht in der Wirtschaft ebenso wie in anderen privater Initiative überlassenen Bereichen die Aufgabe, das

---

[101] Bezeichnenderweise sind denn auch die beiden gehaltenen Referate nach den genannten Sachbereichen aufgeteilt: Vgl. *Salzwedel*, Staatsaufsicht in der Verwaltung, VVDStRL 22 (1965), S. 206 ff. und *Bullinger*, Staatsaufsicht in der Wirtschaft, ebenda S. 264 ff.

[102] Vgl. *Werner Weber*, Die Körperschaften, Anstalten und Stiftungen des öffentlichen Rechts, 2. Aufl. 1943, S. 23 f.

[103] Vgl. *Martin Bullinger*, Staatsaufsicht in der Wirtschaft, VVDStRL 22 (1965), S. 264 ff.; *Ekkehart Stein*, Die Wirtschaftsaufsicht, 1967.

[104] Vgl. etwa § 78 JWG betreffend die Heimaufsicht bei Minderjährigen.

[105] Vgl. Einzelheiten mit Nachweisen bei *Bullinger*, VVDStRL 22, 275 ff.

VI. Zur Staatsaufsicht über kommunale und Freie Sparkassen

Gemeinwohl zur Geltung zu bringen. Beispielhaft ist etwa die Formulierung des § 6 Abs. 2 des Kreditwesengesetzes, nach welchem die Bankenaufsicht darüber zu wachen hat, daß „erhebliche Nachteile für die Gesamtwirtschaft" vermieden werden. Insoweit ist gewiß nicht zu verkennen, daß Erscheinungsbild, Umfang und Instrumente der Staatsaufsicht als Korrelat zur staatlichen (kommunalen) Selbstverwaltung auf der einen und als „Oberaufsicht" über Wirtschaftsunternehmen auf der anderen Seite ähnlich erscheinen. Indessen darf nicht übersehen werden, daß in beiden Fällen die rechtlichen Fundamente der Staatsaufsicht und ihre Zielrichtung sich grundlegend unterscheiden. Im einen Falle ist die Staatsaufsicht Ausfluß und Bestandteil der staatlichen Organisationsgewalt, die ihren Zweck darin hat, den hochdifferenzierten staatlichen Verwaltungsapparat zu einer Funktionseinheit zusammenzubinden und zu integrieren. Im anderen Falle bedeutet Staatsaufsicht die staatliche Überwachung von prinzipiell grundrechtlich geschütztem Privathandeln, wobei diese Überwachung ihrerseits sich an den Grundrechten legitimieren muß und ihre Grenzen findet[106].

b) Anwendung und Unterscheidungen

Wendet man die vorstehenden Unterscheidungen auf die kommunalen und Freien Sparkassen an, so ergibt sich folgende Erkenntnis.

Die Sparkassenaufsicht über die kommunalen Sparkassen ist Staatsaufsicht über Selbstverwaltungseinheiten zum Zwecke der Gewährleistung der Eingliederung in den Staatsorganismus. Insoweit ist die Sparkassenaufsicht nichts anderes als ein Ableger der allgemeinen Kommunalaufsicht, aus der sie sich historisch abgezweigt hat[107]. Zu dieser Art von Aufsicht heißt es im einschlägigen Schrifttum:

„Die Aufsicht ist notwendig. Der Staat als Inhaber der obersten Organisationsgewalt kann zwar Hoheitsrechte und organisatorisch-öffentliche Stellungen verleihen; er darf aber keine Gründungen öffentlich-rechtlicher Rechtsträger zulassen, die außerhalb seines Hoheitsbereiches angesiedelt sind und von ihm nicht beeinflußt werden können. Andernfalls würde er seine den Bürgern gegenüber obliegende Verpflichtung, nur und ausschließlich der Allgemeinheit zu dienen und allein im Gemeininteresse tätig zu werden, verletzen. Ein vom Staat ins Leben gerufener öffentlich-rechtlicher Rechtsträger könnte z. B. versucht sein, private Gruppeninteressen im Widerspruch zum übergeordneten Allgemeininteresse zu verfolgen; hätte der Staat sich dann keine Einwirkungsmöglichkeiten vorbehalten, würde er seine innere Souveränität aufgeben[108]."

---

[106] *Haller* (FN 100), S. 37, spricht von „Untertanenaufsicht" und „Ämteraufsicht".
[107] Vgl. *Stolzenburg*, Die rechtliche Sonderstellung der Freien Sparkassen im deutschen Sparkassenwesen, Hamburg 1956, S. 89 ff.; *Haller*, Wesen und Entwicklung der Staatsaufsicht über die kommunalen Sparkassen unter besonderer Berücksichtigung der verfassungsrechtlichen Grenzen der Bundesaufsicht, Diss. Würzburg 1970, S. 48 ff.

Die Sparkassenaufsicht ist also eine im Sinne der inneren Souveränität des Staates rechtlich notwendige Aufsicht.

Die Staatsaufsicht über die Frankfurter Sparkasse von 1822 ist demgegenüber von anderer Art, von anderem Zuschnitt und anderer rechtlicher Herkunft und Zielsetzung. Sie beruht nicht, wie die Sparkassenaufsicht über die kommunalen Sparkassen, auf einem speziellen Gesetz des Verwaltungsrechts, sondern auf freiwilliger Einräumung durch die Frankfurter Sparkasse selbst. Ihre Zielsetzung ist und kann nicht darauf gerichtet sein, die Frankfurter Sparkasse von 1822 in den Staatsorganismus einzugliedern, denn die Frankfurter Sparkasse von 1822 ist ein Privatunternehmen und gehört, wie schon in früherem Zusammenhang ausführlich nachgewiesen[108], nicht zum Umkreis der Träger mittelbarer Staats- oder Kommunalverwaltung; vielmehr steht sie vollständig außerhalb des staatlichen und kommunalen Legitimations- und Kontrollzusammenhangs. Die Staatsaufsicht über die Frankfurter Sparkasse von 1822 ist, wie auch die Fassung der Satzungsbestimmungen klar zeigt, ein Korrelat der staatlichen Zuerkennung der Mündelsicherheit, dagegen nicht — wie bei den kommunalen Sparkassen — Korrelat der staatlichen Einräumung von Selbstverwaltungsrechten. Die Staatsaufsicht über die Frankfurter Sparkasse ist gleichsam der „Preis" für ein „Gütesiegel", anders gesprochen: für ein Prädikat, welches der Staat kraft seiner Autorität der Frankfurter Sparkasse von 1822 zuspricht.

Insoweit ist die hier in Rede stehende Staatsaufsicht über die Frankfurter Sparkasse von 1822 in noch größerem Abstand von der Sparkassenaufsicht über die kommunalen Sparkassen anzusiedeln als die Bankenaufsicht nach dem Kreditwesengesetz, der als eine Art von Staatsaufsicht in der Wirtschaft sowohl die kommunalen wie auch die Freien Sparkassen in gleichem Maße unterliegen.

Die Unterschiedlichkeiten zwischen öffentlich-rechtlicher Sparkassenaufsicht über die kommunalen Sparkassen und Unterwerfung unter die Staatsaufsicht kraft eines privatautonomen Aktes, wie es im Falle der Frankfurter Sparkasse von 1822 geschehen ist[110], zeigen sich auch deutlich in dem substantiellen Zuschnitt der Aufsichtsregelungen, genauer gesagt: in dem Maß und in der Intensität der Regelungen, welche die Aufsichtsbehörden instandsetzen, in das Geschäftsgebaren der jeweiligen Sparkasse einzugreifen. So enthält § 20 des Hessischen Spar-

---

[108] *Thomas Brzoska*, Die öffentlich-rechtlichen Sparkassen zwischen Staat und Kommunen, 1976, S. 56 f.
[109] Vgl. oben unter V.
[110] *Hans Peter Ipsen*, Zum Recht der freien Sparkassen, in: Festschrift für Hans Wüstendörfer, 1950, S. 73 ff. (97).

VI. Zur Staatsaufsicht über kommunale und Freie Sparkassen

kassengesetzes für die kommunalen Sparkassen sehr detaillierte Regelungen über

— Informations- und Prüfungsrechte an Ort und Stelle,
— den Erlaß von Richtlinien für die Geschäftstätigkeit,
— Beanstandung von Beschlüssen und Anordnungen der Sparkassenorgane,
— andere Aufsichtsinstrumente bekannter Art bis hin zur aufsichtsbehördlichen Selbstvornahme.

Betrachtet man hingegen die Vorschriften der Satzung der Frankfurter Sparkasse von 1822, so bestehen hinsichtlich des Maßes und der Intensität aufsichtsbehördlicher Ingerenz in das Geschäftsleben zumindest erhebliche Unsicherheiten. Klar gesagt ist nur,

— daß Satzungsänderungen der Genehmigung der Aufsichtsbehörde bedürfen (§ 39),
— daß die Sparkasse sich nur mit Genehmigung der Aufsichtsbehörde selbst auflösen kann (§ 40),
— daß die Sparkasse keine Anlagen oder Geschäfte tätigen darf, die über den in der Satzung gegebenen Rahmen hinausgehen (§ 35).

Die übrigen Satzungsvorschriften, die das Aufsichtsverhältnis thematisch ansprechen, liefern keine weiteren Maßstäbe oder Kriterien für den Umfang oder die Art zulässiger staatlicher Aufsichtsführung (vgl. etwa die §§ 9 Abs. 6, 10, 12 Abs. 3, 33 Abs. 2). Insbesondere fehlt es im Gegensatz zur Staatsaufsicht gemäß § 20 des Hessischen Sparkassengesetzes an den klassischen Instrumenten der staatlichen Korrektur (Aufhebung von Beschlüssen, Selbstvornahme). Insoweit ergibt sich die Feststellung, daß der Staatsaufsicht über die Frankfurter Sparkasse von 1822 offenbar eine wesentliche Eigenschaft fehlt, die der Staatsaufsicht als Integrationsinstrument im Staatsorganismus von jeher zugekommen ist, nämlich die „Berichtigungsfunktion"[111]. Dies bedeutet: ausweislich der Satzungsbestimmungen hat die staatliche Aufsichtsbehörde keine Möglichkeit, durch gezielte Einzeleingriffe das Geschäftsleben der Frankfurter Sparkasse von 1822 zu bestimmen. Vielmehr ist sie mangels vorhandener spezieller Rechtsgrundlage darauf angewiesen, indirekt zu wirken und mit der Drohung, das „Gütesiegel" der Mündelsicherheit wieder zu entziehen, die Sparkassenorgane zur Selbstkorrektur zu bewegen. Darin liegt, wie schon auf Anhieb ersichtlich, ein wesentlicher qualitativer und quantitativer Unterschied zwischen der privatautonom geschaffenen Staatsaufsicht über die Frankfurter Sparkasse von 1822 auf der einen und der gesetzlich statuierten öffentlich-

---
[111] Vgl. *Triepel*, Die Reichsaufsicht, 1917, S. 120.

rechtlichen Sparkassenaufsicht über die kommunalen Sparkassen auf der anderen Seite.

Dieser Unterschied wird aus sich heraus verständlich, wenn man ihn zu dem Aufsichtszweck in Beziehung setzt. Da nämlich die Frankfurter Sparkasse von 1822 ohnehin der allgemeinen Bankenaufsicht unterliegt, kann die spezielle satzungsmäßig eingerichtete Staatsaufsicht des Hessischen Ministers für Wirtschaft und Technik nur bezwecken, darüber zu wachen, ob die Frankfurter Sparkasse von 1822 den Standard der Mündelsicherheit hält. Nur aus dieser Zwecksetzung heraus können deshalb auch das Maß und die Mittel der speziellen Staatsaufsicht umgrenzt werden.

c) Ergebnis

Faßt man die bisherigen Überlegungen zusammen, so bleibt folgendes Resümee:

Die Staatsaufsicht, der die kommunalen Sparkassen ebenso wie die Frankfurter Sparkasse von 1822 unterliegen, scheidet als Stütze für eine rechtliche Gleichbehandlung beider Sparkassen in bezug auf die Abgrenzung der Geschäftsgebiete (Regionalprinzip) aus, weil sich die Staatsaufsicht in beiden Fällen sowohl nach Rechtsgrund wie auch nach Zweck und Zielsetzung sowie dem Umfang und den Aufsichtsinstrumenten grundlegend unterscheidet[112]. Die Staatsaufsicht über die kommunalen Sparkassen beruht auf formalgesetzlicher Grundlage (§ 20 Hess. Sparkassengesetz) und dient der Eingliederung öffentlich-rechtlicher Verwaltungsträger in den Staatsorganismus. Sie ist inhaltlich detailliert ausgeformt und stellt der Aufsichtsbehörde die herkömmlichen Aufsichtsmittel bis hin zur Selbstvornahme zur Verfügung.

Die Staatsaufsicht über die Frankfurter Sparkasse von 1822 beruht auf einem privatautonomen Akt, der sich in der durch Satzungsbestimmung vollzogenen Unterwerfung unter die Staatsaufsicht ausdrückt. Die Staatsaufsicht ist ausweislich ihrer Entstehung und auch der Fassung der Satzungsbestimmungen Korrelat für die aufsichtsbehördliche Zuerkennung der Mündelsicherheit. Eingriffsinstrumente der Aufsichtsbehörden, wie sie etwa in § 20 des Hessischen Sparkassengesetzes vorgesehen sind, stellt die Satzung der Frankfurter Sparkasse von 1822 den Aufsichtsbehörden nicht zur Verfügung. Inhalt, Maß und Umfang

---

[112] Ebenso: *Günther E. H. Stolzenburg*, Die rechtliche Sonderstellung der Freien Sparkassen im deutschen Sparkassenwesen, Hamburg 1956, S. 94; *Meyer-König*, Der verfassungsrechtliche Standort der Freien öffentlichen Sparkassen und der Charakter der Aufsicht, der sie sich unterstellt haben, Stuttgart 1972, S. 22 ff.; *Wolfgang Schmitt-Wellbrock*, Zur Rechtsstellung der freien Sparkassen als freigemeinwirtschaftliche Unternehmen unter besonderer Berücksichtigung der Frage nach der Geltung des Regionalprinzips, Diss. Frankfurt 1978, S. 249.

der Aufsicht sind an dem Zweck der Zuerkennung der Mündelsicherheit zu orientieren.

VII. Zum Argument: Gleichbehandlung zur Vermeidung einer Wettbewerbsverzerrung

1. Argumentationsansatz

Hinter der in Betracht stehenden Frage nach der rechtlichen Zulässigkeit einer analogen Anwendung des Regionalprinzips auf die Frankfurter Sparkasse von 1822 stehen offenkundig wettbewerbspolitische Motive. Die kommunalen Sparkassen wollen die geschäftliche Konkurrenz mit den Freien Sparkassen möglichst einschränken. Aus dieser Interessenlage heraus ist es verständlich, wenn das Wettbewerbsmotiv sich auch in dem Versuch einer rechtlichen Argumentation ausdrückt, mit deren Hilfe eine rechtsanaloge Anwendung des Regionalprinzips auf die Freien Sparkassen begründet werden soll.

So wird beispielsweise argumentiert, dem Regionalprinzip im Sparkassenwesen komme eine „Ordnungsfunktion" zu, die wegen der gemeinsamen Aufgabenstellung von kommunalen und Freien Sparkassen für das gesamte Sparkassenwesen gelte und sich nicht auf die öffentlich-rechtlichen Sparkassen beschränke. Das Regionalprinzip verfolge den Zweck, eine zielbewußte Konzentration der Sparkassenarbeit zu erreichen und auf diese Weise Wettbewerbsverzerrungen zu vermeiden. Da es sich beim Regionalprinzip um ein „allgemein gültiges Sparkassenprinzip" handele, sei ihm auch die Frankfurter Sparkasse von 1822 unterworfen. Wenn die Frankfurter Sparkasse Zweigstellen außerhalb Frankfurts errichte, entferne sie sich aus dem Regime allgemein gültiger Sparkassenprinzipien und stelle nunmehr kaufmännische Gesichtspunkte und Rentabilitätserwägungen in den Vordergrund.

In ähnlicher, wenn auch nach dem rechtslogischen Zusammenhang schwer verständlicher Weise argumentiert ferner *Schlierbach* in seinem schon mehrfach zitierten Gutachten (S. 23 ff.).

2. Regionalprinzip und Wettbewerbsverbot (Konkurrenzschutz)

Der Zusammenhang zwischen einem Wettbewerbsverbot im Sinne eines Konkurrenzschutzes und dem Regionalprinzip ist nun freilich nicht zu übersehen. Zwar hat das Regionalprinzip, wie schon an früherem Ort ausführlich dargetan[113], in erster Linie die Funktion einer Zu-

---

[113] Vgl. oben sub I. 1.

ständigkeitsregel, die mit einem Expansionsverbot verbunden ist. Als Kehrseite dieses Expansionsverbotes tritt jedoch auch eine Schutzgarantie zugunsten der in ihrem Zuständigkeitsbereich gestörten Sparkasse und ihrer Gewährträger in Erscheinung. Diese Schutzgarantie soll die betreffenden Sparkassen davor bewahren, daß ihre Leistungsfähigkeit durch die Eröffnung von Zweigstellen anderer kommunaler Sparkassen gefährdet wird.

Indessen ist zweierlei zu beachten. Zum einen ist die genannte Schutzgarantie nicht primärer Zweck und Inhalt des Regionalprinzips, sondern notwendige Konsequenz. Primärer Zweck des Regionalprinzips ist die Zuständigkeitsabgrenzung, die das Regionalprinzip als ein Prinzip der horizontalen Verwaltungsgliederung kennzeichnet. Zum andern ergibt sich aus dieser Charakterisierung mit aller Deutlichkeit, daß das „Wettbewerbsverbot", welches das Regionalprinzip für den unzuständigen Verwaltungsträger impliziert, keine marktwirtschaftliche Kategorie darstellt und insoweit terminologisch irreführend ist.

Viel wichtiger ist aber eine andere unbestreitbare Erkenntnis. — Ein durch das Regionalprinzip ausgelöstes „Wettbewerbsverbot", welches sich in Wahrheit als ein schlichtes Verbot der Kompetenzüberschreitung darstellt, kann auf die Freien Sparkassen nur dann Anwendung finden, wenn das Regionalprinzip selbst für die Freien Sparkassen Gültigkeit hat. Diese Anwendbarkeit ist aber gerade die umstrittene Frage. In den oben mitgeteilten Argumentationen wird eine solche Anwendbarkeit mit der schlichten These zu begründen versucht, das Regionalprinzip stelle ein „allgemein gültiges Prinzip des Sparkassenwesens (schlechthin)" dar, so daß von ihm nicht nur die kommunalen, sondern auch die Freien Sparkassen erfaßt würden. Diese Behauptung wird jedoch von ihren Verfechtern nicht nur nicht näher begründet, sondern sie ist offenkundig falsch. Wäre das Regionalprinzip, nebenbei bemerkt, ein „allgemein gültiges Sparkassenprinzip", so bedürfte es der Rechtsfigur einer Analogie nicht, um es auch für die Freien Sparkassen in Anwendung zu bringen. Es gibt jedoch weder eine gesetzliche Vorschrift noch einen einleuchtenden Grund, der die Allgemeingültigkeit des Regionalprinzips zu tragen vermöchte. Daß die Gemeinsamkeit der Aufgabenstellung von kommunalen und Freien Sparkassen einen solchen Grund nicht abgeben kann, wie einige glauben, ist bereits ausführlich dargelegt worden[114]. Richtig ist vielmehr, daß das Regionalprinzip lediglich eine auf den staatlichen und kommunalen Organisationsbereich beschränkte Bedeutung hat und daß es als horizontales Gliederungsprinzip das Verbot einer sog. Doppelverwaltung impliziert. Das Regionalprinzip regelt also das Verhältnis der Wirkungsbereiche verschiedener

---

[114] Vgl. oben IV.

Hoheitsträger und Verwaltungseinheiten zueinander, nicht aber das Verhältnis von Verwaltungsträgern zu privaten Unternehmen oder Institutionen. Anders gesagt: das Regionalprinzip behandelt nicht das hier in Rede stehende rechtliche Thema; es ist schlechthin nicht einschlägig.

3. Zusätzliche Überlegungen

Daß die Berufung der kommunalen Sparkassen auf ein Wettbewerbsverbot und auf das Verbot einer Wettbewerbsverzerrung in sich widersprüchlich und insgesamt ohne rechtlich legitimierten Grund ist, ergibt sich auch aus folgenden zusätzlichen Erwägungen.

a) Der innere Widerspruch des Wettbewerbsargumentes ist bereits von *Forsthoff* aufgezeigt worden[115].

Würde sich nämlich das Wettbewerbsverbot als ein das gesamte Sparkassenwesen beherrschendes Prinzip darstellen und alle Sparkassen, ohne Rücksicht auf ihren Charakter, gleichermaßen erfassen, so müßte dieses Prinzip auch im Verhältnis zwischen kommunalen und Freien Sparkassen schlechthin gelten. Dies bedeutet: es müßte auch ein Wettbewerbsverbot zwischen kommunalen und Freien Sparkassen schlechthin statuieren. Die Konsequenz wäre die, daß im Frankfurter Raum nur entweder die Frankfurter Sparkasse von 1822 oder die Stadtsparkasse tätig werden dürfte, nicht aber beide gleichzeitig. Da jedoch beide Sparkassen legitimerweise nebeneinander tätig sind, herrscht im Frankfurter Raum schon jetzt eine Konkurrenzsituation unter den Sparkassen, der unbestrittenermaßen kein gesetzliches Verbot entgegensteht. Hinzu kommt, daß diese Wettbewerbssituation durch die Konkurrenz zu den zahlreichen Privatbanken erheblich verbreitert und vertieft wird; eine Konkurrenz, die ebenfalls vollkommen legitim ist.

b) Wichtiger aber ist noch ein weiterer Gesichtspunkt, der aus dem Grundrechtsschutz resultiert, den die Freien Sparkassen genießen[116].

Im Gegensatz zu den *kommunalen* Sparkassen unterstehen die *Freien* Sparkassen einem Grundrechtsschutz, der weder durch die Aufgabenstellung noch durch die organisatorische Stellung Einschränkungen erleidet. Ob und inwieweit *kommunale* Sparkassen schlechthin als Grundrechtsträger in Betracht kommen, ist umstritten und bedarf an dieser Stelle keiner näheren Betrachtung[117]. Selbst wenn man den kommunalen Sparkassen aber eine partielle Grundrechtsfähigkeit zuspricht,

---

[115] Gutachten S. 12.
[116] Vgl. dazu auch *Forsthoff*, Gutachten, S. 12 f.
[117] Vgl. dazu *von Mutius*, in: Bonner Kommentar, Art. 19 Abs. 3 Rdnr. 138 ff. mit umfassenden Nachweisen über den Streitstand.

so ist doch außer Streit, daß ein Grundrechtsschutz juristischer Personen des öffentlichen Rechts im Bereich der Wahrnehmung staatlicher oder kommunaler Aufgaben nicht in Betracht kommt. Deshalb können sich die kommunalen Sparkassen gegen organisatorische, die Geschäftsbereichsabgrenzung betreffende Maßnahmen der Sparkassenaufsicht nicht unter Berufung auf Grundrechte zur Wehr setzen[118]. Das Regionalprinzip als Prinzip der horizontalen Verwaltungsorganisation ist demzufolge nicht durch Grundrechte der kommunalen Sparkassen in irgendeiner Weise beschränkt[119].

Mit dem Regionalprinzip einhergehende „Wettbewerbsverbote" und Betätigungsgrenzen der *kommunalen* Sparkassen sind infolgedessen ohne grundrechtliche Relevanz.

Genau umgekehrt liegen hingegen die Dinge bei den *Freien* Sparkassen. Es besteht kein Zweifel, daß die Freien Sparkassen Träger von Grundrechten (Art. 19 Abs. 3 GG) und deshalb auch unter den Schutz der Gewerbefreiheit gemäß Art. 12 GG gestellt sind[120].

Wettbewerbsverbote und Geschäftsgebietsbeschränkungen der Freien Sparkassen müssen sich demnach an der Berufsfreiheit gemäß Art. 12 Abs. 1 GG messen lassen. Nach der Rechtsprechung des *Bundesverfassungsgerichts* bedeutet dies, daß eine Beschränkung der beruflichen Betätigung der Freien Sparkassen verfassungsrechtlich nur dann abgedeckt ist, wenn solche Beschränkungen von einem legitimen Grund des Gemeinwohls getragen sind. Die Konkurrenzsituation allein kann jedoch einen solchen Grund nicht darstellen[121]. Wollte man dies bejahen, so würde man den Gesetzgeber autorisieren, einen wichtigen Bereich der Wirtschaft seines marktwirtschaftlichen Elementes zu entkleiden und in ein staatliches (kommunales) Monopol zu überführen. Gerade dagegen sollen indessen die wirtschaftlichen Grundrechte, namentlich der Art. 12 Abs. 1 GG, verfassungsrechtliche Sperren errichten. Es wäre ein Mißverständnis der grundgesetzlichen Ordnung, wollte

---

[118] Vgl. *BVerwG* DÖV 1972, 350.

[119] Vgl. *Stern/Nierhaus*, Kreissparkassenzweigstellen in kreisfreien Städten?, Augsburg 1978, S. 146 ff.

[120] Vgl. *Forsthoff*, Gutachten, S. 13 f.; *Meyer-König*, Der verfassungsrechtliche Standort der Freien öffentlichen Sparkassen und der Charakter der Aufsicht, der sie sich unterstellt haben, Stuttgart 1972, S. 12 ff.; *Gebhard Müller*, Darf der Landesgesetzgeber den Geschäftsbereich der Württembergischen Landessparkasse auf das Gebiet des ehemaligen Landes Württemberg beschränken und die Errichtung von Zweigstellen im Gebiet des ehemaligen Landes Baden von der Zustimmung der örtlichen kommunalen Sparkasse und des Innenministeriums abhängig machen?, Rechtsgutachten, Stuttgart 1973, S. 29 ff. — Im übrigen sei an dieser Stelle bemerkt, daß die Frage der Grundrechtsverletzung durch das Regionalprinzip im zweiten Teil dieses Gutachtens noch besonders erörtert wird; insoweit unten Zweiter Teil, II.

[121] Vgl. ebenso *Gebhard Müller*, wie vorige FN, S. 32.

man Verwaltungsträger, die sich am wirtschaftlichen Wettbewerb beteiligen, dort privilegieren, wo sie in die Zugluft des privatwirtschaftlichen Wettbewerbs geraten. Es steht den betreffenden staatlichen und kommunalen Wirtschaftseinheiten und Leistungsanstalten — nicht zuletzt im Interessse des sie nutzenden Bürgers — wohl an, sich in der Geschäftsführung auf dieses Klima einzurichten und nicht nach einem öffentlich-rechtlichen Wettbewerbsprivileg zu rufen[122].

4. Ergebnis

Als Zwischenergebnis kann nach allem festgehalten werden, daß die Berufung der kommunalen Sparkassen auf ein „Wettbewerbsverbot" gegenüber den Freien Sparkassen der rechtlichen Grundlage entbehrt. Ein „Wettbewerbsverbot" ergibt sich als Konsequenz des Regionalprinzips nur für die kommunalen Sparkassen untereinander, weil das Regionalprinzip die Abgrenzung der Aktionsräume zwischen kommunalen und Freien Sparkassen thematisch nicht erfaßt. Eine Anwendung des Regionalprinzips auf das Verhältnis zwischen kommunalen und Freien Sparkassen wäre überdies in sich widersprüchlich und mit einer verfassungs- und grundrechtskonformen Rechtsanwendung unvereinbar.

VIII. Zum Argument: Gleichbehandlung wegen Gleichheit der Privilegien

1. Argumentationsansatz

Als ein besonders kräftiges Argument für eine rechtliche Gleichbehandlung von kommunalen und Freien Sparkassen erscheint die Überlegung, daß beide Arten von Sparkassen dieselben rechtlichen Privilegien genießen[123]. In Betracht kommen insoweit die Mündelsicherheit und steuerliche Vergünstigungen. Es erscheint auf den ersten Blick einleuchtend, daß eine Institution nicht nur die Vorteile genießen kann, die mit der Sparkassentätigkeit verbunden sind, sondern vielmehr auch die rechtlichen Beschränkungen in Kauf nehmen muß, die ihr von der Aufgabe her anhaften. Rechtliche Privilegien auf der einen und rechtliche Beschränkungen auf der anderen Seite werden also in einer festen Korrespondenz gesehen, schärfer formuliert: als ein rechtliches Junktim zusammengekoppelt. Auf diese Weise soll das Regionalprinzip als eine der Sparkassentätigkeit immanente Betätigungsbeschränkung den den

---

[122] Vgl. auch *Gebhard Müller* (FN 120), S. 32.
[123] Vgl. insoweit etwa die Argumentation von *Michel/Seeger* (FN 25), S. 15.

Sparkassen schlechthin gewährten rechtlichen Privilegien anhaften, sich gleichsam als eine Art Dienstbarkeit dieser Privilegien erweisen.

Dieser Argumentation gilt es im folgenden nachzugehen. Hierbei ist die Aufmerksamkeit namentlich auf drei Aspekte zu richten. Zum ersten auf die Frage, ob sich die Vergünstigungen, die immer wieder als Analogiestütze ins Feld geführt werden, bei näherem Zusehen tatsächlich als kompensationsbedürftige Privilegien erweisen; zweitens auf die Frage, ob die der jeweiligen Vergünstigung korrespondierende Beschränkung sachgerecht in dem hier in Rede stehenden Regionalprinzip oder vielmehr in einer anderen Belastung besteht; schließlich drittens, ob zu den Vergünstigungen, die den kommunalen und Freien Sparkassen gemeinsam zustehen, nicht weitere Vorteile hinzukommen, die *nur* die kommunalen Sparkassen genießen und die infolgedessen zu einem Überhang an Vergünstigungen führen, der einer Gleichbehandlung wegen Gleichheit von Privilegien entgegensteht.

2. Zur sog. Mündelsicherheit

a) *Begriff und Bedeutung*

Die Frankfurter Sparkasse von 1822 hat mit den kommunalen Sparkassen gemeinsam, daß sie zur Anlegung von Mündelgeld geeignet ist. Dieser Tatbestand wird im rechtlichen Schrifttum mit dem Begriff der Mündelsicherheit umrissen[124]. Die Mündelsicherheit ist ein Begriff, der in den Kontext des Vormundschaftsrechts gehört. Nach § 1807 Abs. 1 Nr. 5 BGB kann die Anlegung von Mündelgeld erfolgen „bei einer inländischen öffentlichen Sparkasse, wenn sie von der zuständigen Behörde des Bundesstaates, in welchem sie ihren Sitz hat, zur Anlegung von Mündelgeld geeignet erklärt ist". Diese Vorschrift greift infolge von Verweisungsvorschriften über den engeren Bereich des Vormundschaftsrechts hinaus. So gilt sie z. B. auch für die Anlegung von Kindesvermögen (§ 1642 BGB), für die Anlegung von Nießbrauch- und Pfandkapitalien (§§ 1079, 1288 BGB), für die Anlegung von Geld durch den Vorerben (§ 2119 BGB), um nur einige Beispiele zu nennen. Hinzu kommt eine Anzahl von spezialgesetzlichen Verweisungen[125].

Abgesehen davon, daß den Sparkassen Einlagen aus den vorstehenden Quellen zufließen, dürfte noch gewichtiger zu veranschlagen sein, daß das Prädikat der „Mündelsicherheit" den Sparkassen einen goodwill verschafft, der auf ihre besondere Solidität und ihre einwandfreie,

---

[124] Vgl. *Siegfried Sichtermann*, Das Recht der Mündelsicherheit, 2. Aufl. 1967.

[125] Vgl. Bericht der Bundesregierung über die Untersuchung der Wettbewerbsverschiebungen im Kreditgewerbe vom 18. November 1968, BTDrucks. V/3500 S. 55 ff.

VIII. Zum Argument: Gleichbehandlung wegen Gleichheit der Privilegien

zuverlässige und sichere Geschäftsgebarung hinweist. Das durch diese Prädikatisierung des Staates erzeugte und getragene Vertrauen der Sparer und Bankkunden verschafft den Sparkassen einen gewissen Geschäftsvorteil, der freilich weder qualitativ noch quantitativ faßbar oder konkretisierbar ist[126]. Die Mündelsicherheit als Gütesiegel wird durch staatliche Erklärung geschaffen, ist aber in keiner Weise mit einer staatlichen Gewährleistungshaftung verknüpft. Mit der Erklärung gibt der Staat lediglich ein für ihn nicht mit rechtlichen Folgen verbundenes Urteil über die Geschäftsgebarung und Solidität der Sparkasse ab[127]. Man kann insoweit allenfalls von einer „moralischen Haftung oder Garantie" sprechen[128]. Rechtliche Konsequenzen sind mit ihr jedoch unzweifelhaft nicht verbunden.

b) Mündelsicherheit als Analogiestütze

Die Frage ist, ob aus dem vorstehenden Tatbestand die Folgerung gezogen werden kann, daß die gemeinsame Mündelsicherheit von kommunalen und Freien Sparkassen dazu berechtigt, beide Sparkassentypen auch in ihrem geschäftlichen Wirken, namentlich hinsichtlich des räumlichen Aktionsradius (Regionalprinzip!), gleich zu behandeln. Für die Beantwortung dieser Frage sind insbesondere drei Erwägungen maßgeblich.

Erstens ist mit Nachdruck darauf hinzuweisen, daß es sich bei der Mündelsicherheit der Freien Sparkassen bei Lichte betrachtet gar nicht um ein rechtliches Privileg im echten Sinne handelt. Dies folgt ohne weiteres daraus, daß die staatliche Erklärung der Mündelsicherheit lediglich das Vorhandensein eines Tatbestandes *deklariert*, den die Freien Sparkassen selbst durch eigene Initiative, Geschäftsgebarung und Geschäftspolitik geschaffen haben. Der Frankfurter Sparkasse von 1822 ist mit der Anerkennung als „mündelsicher" nicht etwas vom Staat gegeben worden, was sie nicht vorher schon kraft eigener Leistung selbst geschaffen und innegehabt hätte.

Ferner: die mit der Mündelsicherheitserklärung verbundene Solidität kann der Staat der Sparkasse auch nicht wieder durch einen einseitigen Akt nehmen. Infolgedessen fehlen für die Charakterisierung der Mündelsicherheit genau besehen alle essentiellen Merkmale eines vom Staate dargereichten Privilegs.

Es wäre also nicht plausibel, inwiefern besondere Solidität der Freien Sparkassen, die staatlich festgestellt wird, zu einer Gleichbehandlung

---

[126] Vgl. *Dieter Stolte*, Zur Frage der Gemeinnützigkeit der Sparkassen, 1966, S. 315 ff.
[127] Die kommunalen Sparkassen sind kraft der Sparkassengesetze der Länder mündelsicher.
[128] Vgl. *Günter E. H. Stolzenburg*, Die rechtliche Sonderstellung der Freien Sparkassen im deutschen Sparkassenwesen, Hamburg 1956, S. 50.

mit den kommunalen Sparkassen auch hinsichtlich der Geschäftsbeschränkungen führen soll.

Zweitens kommt hinzu, daß schon die Gleichheit der Aufgabenstellung, die bei den kommunalen und den Freien Sparkassen zu konstatieren ist, eine analoge Anwendung des Regionalprinzips *nicht* zu tragen vermag. Dies muß aber um so mehr gelten, wenn es nicht um den Wirkungskreis, sondern (lediglich) um die Vergleichbarkeit der Unternehmenssolidität geht.

Drittens ist entscheidend, daß die Frankfurter Sparkasse das „Gütesiegel" der Mündelsicherheit ja keineswegs ohne eine korrespondierende staatliche Last empfängt. Diese korrespondierende staatliche Last besteht allerdings nicht in einer Beschränkung ihres Geschäftsbereiches — das wäre vom Bezugszusammenhang auch gar nicht einleuchtend zu begründen, da es für die Mündelsicherheit nur auf die Solidität ankommt, und sonst nichts —, sondern sachrichtigerweise in der Unterstellung unter die Staatsaufsicht. Diese sachlich ohne weiteres plausible Korrespondenz entspricht auch dem historischen Ablauf. Denn wie schon in früherem Zusammenhang dargetan, war die Erklärung der Mündelsicherheit mit dem Erfordernis der Unterstellung unter die Staatsaufsicht gekoppelt. Die Unterstellung der Frankfurter Sparkasse von 1822 unter die Staatsaufsicht war gleichsam der „Preis" für das Gütesiegel der Mündelsicherheit[129].

Wenn die Frankfurter Sparkasse von 1822 ein staatliches Prädikat in Gestalt der Erklärung der Mündelsicherheit in Anspruch nimmt, mit dem sie im geschäftlichen Wettbewerb auftritt, dann muß sie sich auch gefallen lassen, daß der Staat in ihrem Bereich Erhebungen und Nachforschungen anstellt dahingehend, ob der Tatbestand für ein solches Prädikat gegeben ist. Dies ist selbstverständlich und bedarf keiner weiteren Erwägung. Die Staatsaufsicht ist also eine der Mündelsicherheit notwendig korrespondierende Last; sie ist aber auch die einzig sachgemäße Last, die einer geschäftlichen Prädikatisierung korrespondieren kann.

c) Ergebnis

Aus dem Vorgesagten folgt also, daß es schon irreführend ist, von der Mündelsicherheit als von einem staatlichen Privileg zu sprechen. Davon abgesehen korrespondiert der Mündelsicherheitserklärung als ein der Frankfurter Sparkasse von 1822 gewährter Vorteil als staatliche Last die Unterstellung unter die Staatsaufsicht. Eine sachlich begründete Korrespondenz zwischen Mündelsicherheit und Regionalprinzip läßt sich demgegenüber nicht herstellen.

---

[129] Vgl. oben VI.

VIII. Zum Argument: Gleichbehandlung wegen Gleichheit der Privilegien 67

3. Zu den Steuerprivilegien

a) Befund und Fragestellung

Die kommunalen und der Staatsaufsicht unterstehenden Freien Sparkassen genießen Steuervorteile im Bereich des Körperschaftsteuer-, Vermögensteuer- und Gewerbesteuerrechts. Diese Steuerprivilegien sind seit langem unter dem Gesichtspunkt der verfassungsrechtlichen Zulässigkeit umstritten[130] und seit dem Zweiten Steueränderungsgesetz aus dem Jahre 1967 in einem radikalen Abbau begriffen[131]. Aus der ursprünglich bestehenden generellen Steuerbefreiung ist zunächst eine bloße Tarifbegünstigung geworden, die ihrerseits einem weiteren stetigen Schrumpfungsprozeß unterliegt[132].

Im Gegensatz zu beachtlichen Stimmen im Schrifttum[133] hat der *Bundesfinanzhof* in einer Entscheidung vom 25. Juli 1973[134] die Steuerbegünstigungen der Sparkassen für verfassungsrechtlich unbedenklich erklärt und namentlich einen Verstoß gegen den Gleichheitssatz verneint. Das *Bundesverfassungsgericht*[135] hat in einem Beschluß vom 6. Mai 1975 die Verfassungsbeschwerde eines privaten Bankunternehmens gegen das gewerbesteuerliche Sparkassenprivileg nicht zur Entscheidung angenommen, weil sie keine hinreichende Aussicht auf Erfolg hatte, und damit die Entscheidung des *Bundesfinanzhofs* inhaltlich bestätigt. Das Gericht hält die verbliebenen Steuerprivilegien, aus der derzeitigen Situation heraus betrachtet, für verfassungsrechtlich unbedenklich. Aber es fügt seinen Erwägungen auch folgenden abschließenden Passus an:

„Bei überproportionalem Wachstum der Sparkassen gegenüber den Geschäftsbanken und bei Lockerungen der den Sparkassen nach Landesrecht auferlegten Geschäftsbeschränkungen nach dem Inkrafttreten des Zweiten Steueränderungsgesetzes 1967, z. B. im Großkreditgeschäft und beim Erwerb von Beteiligungen an Wirtschaftsunternehmen für eigene Rechnung, wird der Bundesgesetzgeber laufend den Umfang der Sparkassenprivilegien zu überprüfen haben, wie dies inzwischen auch durch die weitere Einschränkung des gewerbesteuerlichen und bewertungsrechtlichen Sparkassenprivilegs durch

---

[130] Vgl. *H. C. Nipperdey/Hans Schneider*, Die Steuerprivilegien der Sparkassen, 1966; *Klaus Tipke*, Die Steuerprivilegien der Sparkassen, 1972.

[131] Vgl. *Leo Hübl*, Die künftige Besteuerung des Kreditgewerbes aufgrund des Zweiten Steueränderungsgesetzes 1967, Deutsche Steuer-Zeitung, Ausgabe A 1968, S. 105 ff.

[132] Vgl. *Lenski/Steinberg/Stäuber*, Kommentar zum Gewerbesteuergesetz, 5. Aufl., § 11 Rdnr. 22 a. E. unter Hinweis auf das Vermögensteuerreformgesetz vom 17. 4. 1974 (BGBl. I 1974, 449), welches eine weitere Einschränkung des gewerbesteuerlichen und bewertungsrechtlichen Sparkassenprivilegs gebracht hat.

[133] Vgl. *Nipperdey/Hans Schneider; Tipke* (FN 130).

[134] Bundessteuerblatt 1973 Teil II S. 857.

[135] Deutsche Steuer-Zeitung Ausgabe B 1975 S. 192.

das Vermögensteuer-Reformgesetz vom 17. April 1974 (BGBl. I S. 449) geschehen ist."

Mit diesen Wendungen, die sich in ähnlicher Form schon im Bericht der Bundesregierung über die Untersuchung der Wettbewerbsverschiebungen im Kreditgewerbe und über eine Einlagensicherung vom 18. November 1968 finden[136], kommt deutlich zum Ausdruck, daß die Steuerprivilegien der Sparkassen durchaus keine zeitlos gültigen Garantien darstellen. Angesichts dieses Befundes stellt sich die Frage, ob der gemeinsame Genuß der noch vorhandenen Steuerbegünstigungen dazu berechtigt, kommunale und Freie Sparkassen auch hinsichtlich ihres räumlichen Wirkungsbereiches zu egalisieren.

b) Steuerprivilegien und Regionalprinzip

Zunächst lassen sich prinzipielle Bedenken dagegen erheben, eine Analogie auf eine Kategorie zu stützen, deren Substanz und Bedeutung radikal abgenommen hat und deren Zukunftserwartungen eher negativ als positiv bewertet werden müssen. Erweist sich die Beurteilung, daß die Steuerprivilegien der Sparkassen eine absterbende Kategorie darstellen, als zutreffend — wofür die Rechtsentwicklung des letzten Jahrzehnts deutliche Indizien liefert —, so würde dies generell bedeuten, daß eine Analogie, wenn man ihr überhaupt eine Berechtigung zusprechen wollte, von vornherein mit einem zeitlichen Geltungsvorbehalt versehen werden müßte, der unter Umständen schon in absehbarer Zeit seine Wirkung entfallen könnte.

Sieht man einmal von der Unsicherheit der Grundlage eines entsprechenden Analogieschlusses ab, so sind weitere Argumente unübersehbar, die eine Analogie, nach welcher von dem gemeinsamen Genuß von Steuervergünstigungen auf die gemeinsame Unterworfenheit unter das Regionalprinzip geschlossen werden soll, als unzulässig und rechtslogisch unbegründbar ausschließen.

Eine solche Analogie ließe sich nämlich allenfalls dann in Erwägung ziehen, wenn die gewährten Steuervergünstigungen der Sparkassen mit den im Regionalprinzip zum Ausdruck kommenden räumlichen Geschäftsbeschränkungen gleichsam synallagmatisch verbunden wären, mit anderen Worten: wenn Steuerprivilegien und Regionalprinzip miteinander sachlich korrespondieren würden in dem Sinne, daß die Steuerprivilegien den Ausgleich darstellen für die mit dem Regionalprinzip verbundene Beschränkung des Geschäftsgebietes der Sparkassen. — Von einer solchen Korrespondenz, die Steuerprivilegien und Regionalprinzip im Sinne eines do ut des verbindet, kann jedoch mitnichten die Rede sein.

---

[136] BTDrucks. V/3500 S. VI, 136 f.

VIII. Zum Argument: Gleichbehandlung wegen Gleichheit der Privilegien

Die im Schrifttum und in der Rechtsprechung angeführten Gründe, die die steuerliche Bevorzugung der Sparkassen sachlich rechtfertigen sollen, sind vielfältig. Genannt werden folgende Besonderheiten:

— stärkere Bindung der Sparkassen an das öffentliche Wohl; Verpflichtung gegenüber dem Gemeinwohl; Gemeinnützigkeit,

— gesetzliche Umreißung der Aufgabenstellung; öffentlicher Auftrag der Sparkassen,

— mit dem gesetzlichen Auftrag verbundener Zwang zur Begründung und Fortführung von Sparkonten ohne Rücksicht auf Rentabilitätsgrundsätze, insbesondere die Entgegennahme von Spareinlagen schon in geringer Höhe,

— Einschränkungen der geschäftlichen Betätigungsmöglichkeiten sowie die Beachtung gewisser Auflagen im Interesse der Allgemeinheit, insbesondere das Verbot, Beteiligungen an Wirtschaftsunternehmen für eigene Rechnung zu erwerben, ferner Begrenzungen in der Kredithöhe usw.,

— Verzicht auf Gewinnstreben und Verwendung von Überschüssen zu gemeinnützigen Zwecken,

— nachteilige Auswirkungen der künftigen Entwicklung des Kapitalmarktes bei einer Normalbesteuerung der Sparkassen, insbesondere im Bereich der kleineren und mittleren Unternehmen und in der Finanzierung der kommunalen Infrastruktur.

Die vorstehenden Gründe sind nicht abschließend gemeint und gehen auch thematisch ineinander über, geben aber gewiß die tragende Grundlage ab, die für die Gewährung von Steuervergünstigungen an die Sparkassen maßgeblich waren[137].

Fragt man danach, wo in dem vorstehenden Begründungszusammenhang das Regionalprinzip vorkommt und welche Bedeutung ihm als Stütze gewährter Steuerprivilegien zukommt, so sind folgende Feststellungen zu treffen.

Das Regionalprinzip impliziert (lediglich) eine *räumliche* Geschäftsbeschränkung. Damit erweist sich die Geltung dieses Prinzips als ein Element der den kommunalen Sparkassen auferlegten Geschäftsbeschränkungen. In diesem Zusammenhang wird dieses Prinzip auch in der Rechtsprechung, freilich unter zahlreichen anderen in der Gewichtung gegenüber dem Regionalprinzip deutlich dominierenden Geschäftsbeschränkungen, erwähnt[138].

---

[137] Vgl. ferner im einzelnen: *BFH* BStBl. 1973 II 857; Bericht der Bundesregierung über die Untersuchung der Wettbewerbsverschiebungen im Kreditgewerbe und über eine Einlagensicherung, BTDrucks. V/3500, S. 101 ff.; *Nipperdey/Schneider*, Die Steuerprivilegien der Sparkassen, 1966, S. 21 ff.; *Klaus Tipke*, Die Steuerprivilegien der Sparkassen, S. 17.

Umstritten ist zunächst einmal, ob man die Geschäftsbeschränkungen der Sparkassen überhaupt als Anknüpfungspunkt für Steuervergünstigungen in Ansatz bringen kann. Im Schrifttum wird hierzu die Meinung vertreten, die Geschäftsbeschränkungen der Sparkassen seien lediglich die *Folge* der von den Sparkassen wahrzunehmenden *Aufgaben*. Geschäftsbeschränkungen ruhten gleichsam als Belastung auf dem selbst gewählten Tätigkeitsbereich der Sparkassen. Anknüpfungs- und Rechtsfertigungsgrund für Steuerprivilegien sei also allein der Sparkassenauftrag, nicht die Geschäftsbeschränkung der Sparkassen. Wolle man nämlich Geschäftsbeschränkungen zum Anknüpfungspunkt für Steuervorteile machen, so müsse der Gesetzgeber auch in anderen Branchen selbst gewählte Geschäftsbeschränkungen durch Steuervergünstigungen honorieren[139]. Wollte man sich dieser beachtenswerten Argumentation anschließen, die auch im Bericht der Bundesregierung über die Untersuchung der Wettbewerbsverschiebungen im Kreditgewerbe vom 18. November 1968 geteilt wird[140], wäre von vornherein einem Analogieverfahren, welches sich auf die im Regionalprinzip verankerte räumliche Geschäftsbeschränkung der kommunalen Sparkassen stützt, der Boden entzogen. Indessen hängt die mangelnde Tragfähigkeit eines Analogieschlusses an dem vorstehenden Argument allein nicht.

Geht man einmal davon aus, daß unter anderem auch die Geschäftsbeschränkungen für die Gewährung von Steuervorteilen an die Sparkassen maßgeblich gewesen sind, so ist zu bedenken, daß unter dem Sammelbegriff „Geschäftsbeschränkungen" eine ganze Liste von Geschäften fällt, die mit dem Regionalprinzip keine sachliche Berührung haben[141].

In der Rechtsprechung ist im Rahmen der Geschäftsbeschränkungen der Sparkassen und ihrer Legitimationskraft von Steuerprivilegien dem Verbot der Beteiligung an Wirtschaftsunternehmen für eigene Rechnung und dem Großkreditgeschäft „besonderes Gewicht" beigemessen worden[142]. Das Regionalprinzip wird in diesem Zusammenhang nur gelegentlich und nur beiläufig erwähnt. Wenn überhaupt, so ist der Stellenwert der im Regionalprinzip zum Ausdruck kommenden räumlichen Geschäftsbeschränkung der kommunalen Sparkassen nur als

---

[138] Vgl. *BFH* BStBl. 1973 II 857.
[139] In diesem Sinne *Leo Hübl*, Die künftige Besteuerung des Kreditgewerbes aufgrund des Zweiten Steueränderungsgesetzes 1967, Deutsche Steuer-Zeitung 1968, S. 108 f.
[140] BTDrucks. V/3500, S. 44 f.
[141] Vgl. die Darstellung von *Reinfrid Fischer*, Die Geschäftsbeschränkungen der Sparkassen, in: Sparkasse 1976, S. 142 ff.; ferner BTDrucks. V/3500, S. 44.
[142] Vgl. *BFH* BStBl. 1973, 858 (859 rechte Spalte); *BVerfG* Deutsche Steuer-Zeitung, Ausg. B, S. 192 (193 rechte Spalte).

VIII. Zum Argument: Gleichbehandlung wegen Gleichheit der Privilegien 71

äußerst gering einzustufen. Motivierend und tragend für die Steuerprivilegien sind Aufgabenstellung und Gemeinnützigkeit der Sparkassen und die mit diesen Funktionsumgrenzungen sachlich verbundenen *inhaltlichen* Geschäftsbeschränkungen, die es verhindern, daß sich die Sparkassen zu gleichwertigen Konkurrenten von Privatbanken entwickeln können.

Dieser rechtliche Befund wird noch dadurch verstärkt, daß die gebietsmäßigen Beschränkungen der kreditwirtschaftlichen Sparkassentätigkeit keineswegs starr durchgeführt sind, sondern vielmehr bemerkenswerte Durchbrechungen zulassen[143]. Ist aber der geschäftsbeschränkende Charakter des Regionalprinzips weitgehend relativiert, so vermag das Regionalprinzip noch weniger in den Zusammenhang einer Steuerprivilegien begründenden Rechtfertigung eingestellt zu werden. Hinzu kommt eine letzte Überlegung. Würdigt man den Zusammenhang der zitierten Entscheidungen des *Bundesfinanzhofes* und des *Bundesverfassungsgerichts*, in welchen die steuerliche Privilegierung der Sparkassen für (derzeit) verfassungsrechtlich unbedenklich erachtet wird, richtig, so kann man mit Sicherheit die Feststellung treffen, daß eine Privilegierung auch dann gerechtfertigt wäre, wenn die Sparkassen durchweg dem Regionalprinzip *nicht* unterlägen. Anders gesprochen: des Rückgriffs auf das Regionalprinzip bedarf es nicht, um die steuerliche Privilegierung zu rechtfertigen. Bezeichnenderweise steht in der genannten Entscheidung des *Bundesverfassungsgerichts* vom Regionalprinzip kein Wort und in der Entscheidung des *Bundesfinanzhofes* gibt der Hinweis auf das Regionalprinzip in dem gestellten Zusammenhang diesem Grundsatz als Rechtfertigungsgrund das Gewicht einer quantité négligeable. Kann aber das Regionalprinzip als tragende Stütze der Steuerprivilegierung hinweggedacht werden, ohne daß die Legitimationsgrundlage der Steuervergünstigung enfällt, so ergibt sich daraus eindeutig, daß auf diesem Prinzip kein Analogieverfahren aufgebaut werden kann, das den gemeinsamen Genuß der gewährten Steuerprivilegien mit der gemeinsamen Unterworfenheit unter das Regionalprinzip in einem rechtslogischen Schluß verbinden soll.

c) Ergebnis

Ein Analogieschluß in dem Sinne, daß der gemeinsame Genuß von Steuerprivilegien, der den kommunalen und den unter Staatsaufsicht stehenden Freien Sparkassen gleichermaßen zukommt, dazu berechtigt, auch auf ihre gemeinsame Unterworfenheit unter das Regionalprinzip zu schließen, ist rechtslogisch unhaltbar, weil dem Regionalprinzip für

---
[143] Vgl. im einzelnen die Darstellung von *Peter Weides*, Sparkassen und kommunale Gebietsänderungen, in: Städte- und Gemeinderat 1978, S. 85 ff. (89).

die Gewährung von Steuerprivilegien keine tragende rechtfertigende und legitimierende Kraft zukommt und es infolgedessen an einer sachlichen Korrespondenz zwischen beiden fehlt.

4. Negativposten: Fehlen einer Gewährträgerschaft bei den Freien Sparkassen

a) Argumentationsansatz

Ein Analogieschluß, der auf eine rechtliche Gleichbehandlung von kommunalen und Freien Sparkassen abzielt, lenkt das Augenmerk verständlicherweise auf die Gemeinsamkeiten und Rechtsähnlichkeiten, die für eine Gleichbehandlung sprechen. Ergreift der im Analogieverfahren angelegte Vergleich zwei Institutionen in ihrer Gesamtheit, so wie dies im Verhältnis der kommunalen zu den Freien Sparkassen geschieht, wird also gewissermaßen eine Vergleichsbilanz eröffnet, die vollständig ist und kaum einen nennenswerten Vergleichspunkt ausläßt, so müssen in diese Rechnung auch jene Posten eingestellt werden, die nicht Gemeinsamkeiten, sondern deutliche Unterschiede herausstellen. Zu diesen Unterschieden zwischen den kommunalen und Freien Sparkassen gehört der Umstand, daß die kommunalen Sparkassen über das Institut der Gewährträgerschaft an ein kommunales Muttergemeinwesen angebunden sind und daß sich diese Anbindung in der Gewährträgerhaftung des Muttergemeinwesens konkretisiert, die dem einzelnen Sparkassenkunden einen unmittelbaren Anspruch gegen die Trägergemeinde verschafft[144].

Wer also gemeinsame Vorteile als Basis für eine Analogiestütze heranziehen möchte, muß deshalb auch *solche* Vorteile in seine Überlegungen einbeziehen, die *ausschließlich* den kommunalen Sparkassen zugute kommen und die insoweit zwei Seiten haben, als sie sich im Verhältnis zum Konkurrenten im Kreditgewerbe, also auch im Verhältnis zu den Freien Sparkassen, als einseitige Wettbewerbsvorteile der kommunalen Sparkassen erweisen oder erweisen können, mit anderen Worten aus der Sicht des Konkurrenten als Nachteil, als Negativposten in Erscheinung treten. Es ist bemerkenswert, daß die Gewährträgerhaftung der kommunalen Sparkassen in dem Bericht der Bundesregierung über die Untersuchung der Wettbewerbsverschiebungen im Kreditgewerbe vom 18. November 1968[145] gerade in diesem Sachzusammenhang gesehen, erörtert und gewürdigt wird.

Für den hier interessierenden rechtlichen Kontext ist damit der Argumentationsansatz klar. Den gemeinsamen Vorteilen, die kommunale

---
[144] Vgl. *Norbert M. Heinen*, Die Rechtsstellung der Gemeinden und Gemeindeverbände als Gewährträger ihrer Sparkassen, Dissertation Münster 1969, S. 98 ff.
[145] BTDrucks. V/3500, S. 47 ff.

VIII. Zum Argument: Gleichbehandlung wegen Gleichheit der Privilegien 73

und Freie Sparkassen ungeteilt genießen, müssen, um das Urteil einer Vergleichbarkeit beider Institutionen als Ganzes überhaupt fällen zu können, auch jene Vorteile hinzugerechnet werden, die den kommunalen Sparkassen gegenüber den Freien Sparkassen ein wettbewerbliches Prä verschaffen.

b) *Gewährträgerhaftung und Anstaltslast*

Bevor der Frage nähergetreten wird, ob und inwieweit die Gewährträgerhaftung aus der Sicht der Freien Sparkassen als Negativposten in Ansatz gebracht werden kann, ist eine kurze Skizzierung von Sinn, Zweck und rechtlicher Struktur dieses Instituts vonnöten.

Historisch gesehen ist die Gewährträgerhaftung aus der Anstaltslast hervorgegangen. Sie ist in dem Augenblick entstanden, als sich die kommunalen Sparkassen, die vormals in den Verwaltungsapparat der Trägerkommunen integriert waren, zu rechtsfähigen öffentlich-rechtlichen Anstalten verselbständigten. Im Stadium des Eingegliedertseins in die Trägerkommune bildeten die Sparkassen rechtlich *unselbständige* Einheiten des Muttergemeinwesens. Für die Sparkassenverbindlichkeiten haftete demzufolge die Gemeinde. Um diese Haftungslage zu erhalten, wurde nach der rechtlichen Verselbständigung der kommunalen Sparkassen die Gewährträgerhaftung der Trägerkommunen eingeführt.

Die rechtliche Verselbständigung der kommunalen Sparkassen hat indessen an ihrer finanziellen Sicherstellung durch Unterhaltspflichten der Trägerkommune nichts geändert. „Eine rechtsfähige Anstalt des öffentlichen Rechts, die aus dem Verwaltungsbereich des Muttergemeinwesens (Gebietskörperschaft) ausgegliedert ist, wird nach herrschender Verwaltungsrechtslehre als Teil der mittelbaren Staatsverwaltung angesehen. Mit der Errichtung einer solchen Anstalt übernimmt die Errichtungskörperschaft die Verantwortung für das von ihr ins Leben gerufene Rechtssubjekt. Diese Verantwortung schließt insbesondere die (öffentlich-rechtliche) Verpflichtung ein, die wirtschaftliche Basis der Anstalt zu sichern, die Anstalt für die gesamte Dauer ihres Bestehens funktionsfähig zu erhalten und etwaige finanzielle Lücken (Unterbilanz) durch Zuschüsse oder auf andere geeignete Weise auszugleichen. Diese als Anstaltslast bezeichnete kommunal- bzw. landes- oder bundesrechtliche Pflicht regelt das Innenverhältnis zwischen der Errichtungskörperschaft und dem öffentlich-rechtlichen Kreditinstitut[146]." Die Gewährträgerhaftung ist demgegenüber nichts anderes als „eine nach außen hin dokumentierte Verstärkung der Anstaltslast", als die „nach außen projizierte Kehrseite der Anstaltslast"[147]. Sie ergänzt die ohnehin

---
[146] BTDrucks. V/3500, S. 47 f.
[147] BTDrucks. V/3500, S. 50.

bestehende Einstandspflicht der Trägerkommune durch einen korrespondierenden Rechtsanspruch des Sparkassenkunden.

Unter Gewährträgerhaftung versteht man deshalb die auf Gesetz oder Satzung beruhende unmittelbare Haftung einer Gebietskörperschaft oder eines öffentlich-rechtlichen Verbandes gegenüber den Gläubigern eines von der Gebietskörperschaft oder dem Verband getragenen rechtlich selbständigen Kreditinstitutes für dessen sämtliche Verbindlichkeiten.

c) Bedeutung der Gewährträgerhaftung im Wettbewerb

Die Existenz der Gewährträgerhaftung hat im Bankenwettbewerb eine unmittelbare und eine mittelbare Bedeutung.

Die unmittelbare Bedeutung der Gewährträgerhaftung als extravertierte Anstaltslast der Trägerkommune wird auch im Wettbewerbsbericht der Bundesregierung vom 18. November 1968 nach eingehender Abwägung ausdrücklich anerkannt[148]. Wettbewerbspolitisch stellt sie einen „objektiven Vorteil" dar, der anderen Kreditinstituten nicht zugute kommt[149]. Dieser Vorteil schlägt sich zum einen im Bereich der Werbung nieder, zum anderen aber auch darin, daß die der Gewährträgerhaftung zugeordnete Anstaltslast dazu führt, daß die Trägerkommunen bei Mangel an Eigenkapital einspringen und auf diese Weise eine etwa notwendige Realisierung der Gewährträgerhaftung von vornherein verhindern. Es wäre deshalb verfehlt, wollte man die praktische Relevanz der Gewährträgerhaftung daran ablesen, wie oft bislang die Trägerkommunen nach außen Verbindlichkeiten für ihre Sparkassen erfüllt haben. Der Zusammenhang von Anstaltslast und Gewährträgerhaftung, der oben dargetan wurde, verhindert es vielmehr, daß es zu einer solchen Situation überhaupt kommt.

Mittelbar kann die Gewährträgerhaftung ferner erhebliche praktische Bedeutung gewinnen im Hinblick auf die Eigenkapitalbeschaffung der Kreditinstitute.

Nach § 10 des Gesetzes über das Kreditwesen müssen die Kreditinstitute im Interesse der Erfüllung ihrer Verpflichtungen gegenüber ihren Gläubigern, insbesondere zur Sicherheit der ihnen anvertrauten Vermögenswerte ein angemessenes haftendes Eigenkapital haben. Haftendes Eigenkapital sind bei den öffentlich-rechtlichen Sparkassen

---
[148] BTDrucks. V/3500, S. 49 f.
[149] Vgl. BTDrucks. V/3500, S. 49 f.; *Otto R. Enneper*, Die Struktur der freien Sparkassen, in: Bank-Betrieb 1965 (S. 304, 306); *Wolfgang Stützel*, Die Aufgaben der Banken in der Wirtschaftsordnung der Bundesrepublik und die demgemäß anzustrebende Organisation des Bankenapparates, Gutachten für den Bundesminister für Wirtschaft (Maschinenschrift), Saarbrücken 1962, S. 414 ff.

VIII. Zum Argument: Gleichbehandlung wegen Gleichheit der Privilegien 75

sowie bei Sparkassen des privaten Rechts, die als öffentliche Sparkassen anerkannt sind, die Rücklagen.

Da erklärter Zweck der Bildung von Eigenkapital der Gläubigerschutz ist, dieser Gläubigerschutz aber bei den kommunalen Sparkassen durch die Gewährträgerhaftung gewährleistet wird, ergibt sich die Frage, ob die kommunalen Sparkassen in gleichem Maße zur Eigenkapitalbildung angehalten werden können wie die übrigen Kreditinstitute, die nicht durch eine Gewährträgerhaftung abgesichert sind. Im Bericht der Bundesregierung über die Untersuchung der Wettbewerbsverschiebungen im Kreditgewerbe vom 18. November 1968 ist die Berücksichtigung der Gewährträgerhaftung bei der Eigenkapitalbildung abgelehnt worden[150]. Motivierend war allerdings nicht der in § 10 des Gesetzes über das Kreditwesen in den Vordergrund gestellte Gläubigerschutz, sondern vielmehr die Vermeidung von Wettbewerbsvorteilen für die öffentlich-rechtlichen Kreditinstitute. Andererseits muß man sehen, daß — wie schon dargetan — die lange Zeit bestehenden Wettbewerbsvorteile der Sparkassen im steuerlichen Bereich einem radikalen Abbau unterliegen. Es liegt deshalb der Gedanke nahe, den Verlust solcher Wettbewerbsvorteile an anderer Stelle wenigstens teilweise zu kompensieren. Hierfür bietet sich eine Modifizierung der Eigenkapitalbildung an, bei der die Gewährträgerhaftung numerisch in Ansatz gebracht wird, so daß sich für die kommunalen Sparkassen die Eigenkapitalquote vermindert. Bezeichnenderweise sind gerade in jüngster Zeit Stimmen laut geworden, die in diese Richtung weisen[151]. Auch der Deutsche Sparkassen- und Giroverband hat sich für einen Haftungszuschlag für Anstaltslast und Gewährträgerhaftung, anders gesprochen für eine entsprechende Minderung der Eigenkapitalbildung bei den Gewährträger-Sparkassen, ausgesprochen. Damit wird erneut deutlich, daß die nur den kommunalen Sparkassen eigene Gewährträgerhaftung noch durchaus nicht voll realisierte Potenzen in sich birgt, die die kommunalen Sparkassen auch den Freien Sparkassen voraushaben.

Festzuhalten bleibt demnach, daß die Gewährträgerhaftung der kommunalen Sparkassen einen wesentlichen Unterschied zu den Freien Sparkassen begründet, der bei einem Institutionsvergleich mit einem maßgeblichen Stellenwert in Ansatz gebracht werden muß.

d) Gewährträgerhaftung und Regionalprinzip

Schließlich fördert eine letzte Überlegung einen maßgeblichen Gedanken zutage. Dabei geht es um die Korrespondenz zwischen Gewährträgerhaftung und Regionalprinzip.

---
[150] BTDrucks. V/3500, S. 69.
[151] Vgl. *Klaus Assmann*, Die Eigenkapitalbildung bei Sparkassen, in: Kommunalwirtschaft 1976, 369 ff. (371); *Udo Güde*, Wozu externes Eigenkapital für

Wie schon im einzelnen dargetan ist die Gewährträgerhaftung nichts anderes als die extravertierte Anstaltslast. Sie entspringt der rechtlichen Provenienz und Einbindung der kommunalen Sparkassen in den kommunalen Raum. Als kommunale Anstalten unterstehen die kommunalen Sparkassen dem Schutz und der Fürsorge der Trägerkommune. Diesem Schutz- und Fürsorgeanspruch und dieser kommunalen Anbindung korrespondiert die Gemeinsamkeit des örtlichen Wirkungsbereiches von Trägerkommune und Sparkasse. Als öffentlich-rechtliche Anstalten können die kommunalen Sparkassen prinzipiell nicht über den Zuständigkeitskreis des Muttergemeinwesens hinaus wirken. Daraus ergibt sich, daß Gewährträgerschaft und Regionalprinzip eine gemeinsame rechtliche Wurzel und Grundlage besitzen, nämlich das Anstaltsrecht. Besteht aber eine solche Koppelung von Regionalprinzip und Gewährträgerhaftung, so ergibt sich rechtslogisch die Folgerung, daß das Fehlen der Gewährträgerhaftung bei einer Institution — wie der Freien Sparkasse — die Nichtgeltung (auch) des Regionalprinzips (zumindest) indiziert.

IX. Geltung des Regionalprinzips kraft rechtlicher Selbstbindung?

1. Fragestellung

Die bisherigen Erörterungen haben gezeigt, daß das Regionalprinzip aufgrund der geltenden Rechtslage auf die Frankfurter Sparkasse von 1822 keine Anwendung findet. Des weiteren steht als Ergebnis ebenso fest, daß eine Erstreckung des Regionalprinzips auf die Frankfurter Sparkasse von 1822 auch im Wege der Analogie ausscheidet, weil es insoweit an den notwendigen rechtslogischen Voraussetzungen mangelt. Die einzige noch verbleibende, zu prüfende Möglichkeit ist deshalb die, ob das Regionalprinzip für die Frankfurter Sparkasse von 1822 gilt, weil sie sich diesem Prinzip *freiwillig* unterworfen hat. Eine solche Unterwerfung kann möglicherweise in der *Satzung* ihren Niederschlag gefunden haben.

Allerdings sei vorweg bemerkt, daß bislang von keiner Seite die These aufgestellt worden ist, die Frankfurter Sparkasse von 1822 unterliege kraft ihrer eigenen Satzungsbestimmungen dem Regionalprinzip in der Weise, daß sie nur innerhalb des Stadtgebietes von Frankfurt Zweigstellen errichten dürfe. Zu diesem Ergebnis gelangt nicht einmal die aus vielen Gründen methodisch verfehlte Interpretation im Gutachten von *Schlierbach*[152]. In einer sorgfältigen Analyse und vorsichtigen

---

die Sparkassen? Die Gewährträgerhaftung bietet den höchsten Gläubigerschutz, Nachdruck eines Aufsatzes in der Börsenzeitung vom 25. Februar 1978.

[152] (FN 95), S. 31 f.

IX. Geltung des Regionalprinzips kraft rechtlicher Selbstbindung? 77

Wertung kommt auch *Forsthoff* zu dem Resultat, daß die Frankfurter Sparkasse von 1822 sich nach ihren Satzungsbestimmungen *nicht* dem Regionalprinzip unterstellt hat[153]. Die folgende Darstellung wird zunächst die einschlägigen Aussagen der Satzung der Frankfurter Sparkasse von 1822 darstellen und resümieren und anschließend in zusätzlichen Erwägungen die Frage erörtern, ob und welche Rechtswirkungen von staatlich genehmigten Satzungen schlechthin ausgehen können.

2. Aussagen der Satzung der Frankfurter Sparkasse von 1822

Um festzustellen, ob nach geltendem Recht eine Unterwerfung unter das Regionalprinzip satzungsmäßig verankert ist, kommt es auf die *gegenwärtige* Fassung dieser Satzung an. Eine solche Selbstverständlichkeit zu betonen, hat schon *Forsthoff* für notwendig erachtet, weil in dem genannten Gutachten von *Schlierbach*, nach welchem die Untersuchung der geltenden Satzung nur ein Negativattest liefert, auf frühere Satzungen mit anderem Inhalt zurückgegriffen wird. — Nun soll freilich nicht bestritten werden, daß der Rückgriff auf frühere Satzungen Aufschluß über die derzeitige Rechtslage vermitteln kann. Wie sich allerdings zeigen wird, liefert die Entwicklungsgeschichte der Satzungen den besten Beweis dafür, daß von einer Geltung des Regionalprinzips für die Frankfurter Sparkasse von 1822 keine Rede sein kann.

*a) Keine ausdrückliche grundsätzliche Aussage
zur Geltung des Regionalprinzips*

Eine ausdrückliche Gebietsklausel im Sinne des Regionalprinzips enthält die Satzung der Frankfurter Sparkasse von 1822 nicht. In § 1 Abs. 2 der Satzung in der am 5. Mai 1978 von der Aufsichtsbehörde genehmigten Fassung heißt es vielmehr schlicht:

„Die Sparkasse hat ihren Sitz in Frankfurt am Main. Sie unterhält Zweigstellen."

Aus diesen beiden Sätzen läßt sich mit den anerkannten Regeln der Interpretation keinerlei Schluß auf eine gebietsmäßige Selbstbeschränkung des Geschäftsverkehrs ziehen. Abwegig ist es insbesondere, allein in der Wahl des Firmennamens („Frankfurter Sparkasse") schon eine Gebietsbeschränkung erblicken zu wollen[154]. Eine solche Auffassung steht mit der allgemein, und nicht nur im Bankwesen (z. B. „Dresdner Bank"), geübten gesetzlich legitimen Praxis der Firmenbezeichnung in vollkommenem Widerspruch. Verfehlt ist es ebenso, einen Gegensatz

---
[153] *Forsthoff*, Gilt für die Frankfurter Sparkasse von 1822 das Regionalprinzip?, Rechtsgutachten, ungedruckt, 1973, S. 13 ff.
[154] So aber *Schlierbach*, Das Regionalprinzip und die Errichtung von Zweigstellen durch die Frankfurter Sparkasse von 1822, Rechtsgutachten, ungedruckt, 1972, S. 31.

zwischen der „Errichtung" und der „Unterhaltung" von Zweigstellen[155] zu konstruieren, um auf diese Weise dem Satzungswortlaut eine Neuerrichtungsschranke entnehmen zu können[156]. Beide Versuche einer restriktiven Satzungsauslegung liegen so weit entfernt von den anerkannten Kunstregeln juristischer Interpretation, daß sich eine nähere Erörterung erübrigt.

Fest steht vielmehr unzweideutig, daß die Satzung der Frankfurter Sparkasse von 1822 in ihrem Text weder das Regionalprinzip ausdrücklich erwähnt noch eine Fassung enthält, die der Sache nach dieses Prinzip anspricht und satzungsmäßig verankert.

b) Argument aus der Entwicklungsgeschichte der Satzungen

Ein Blick auf die Entwicklungsgeschichte der Satzungen der Frankfurter Sparkasse von 1822 bestätigt, daß die Nichtgeltung des Regionalprinzips nicht etwa ein Versehen des Satzungsgebers darstellt, sondern vielmehr offenbar intendiert ist.

Was zunächst die hier in erster Linie interessierende Errichtung und Unterhaltung von Zweigstellen anbetrifft, so ist die erste einschlägige Satzungsvorschrift in der Satzung aus dem Jahre 1940 enthalten. Dort heißt es in § 1 Abs. 2:

„Die Sparkasse hat ihren Sitz in Frankfurt am Main und unterhält im *Frankfurter Geschäftsbezirk* Zweigstellen."

Diese Satzungsbestimmung kehrt fast gleichlautend in der Satzung von 1953 wieder. Dagegen ist die räumliche Begrenzung in der Satzung von 1962 entfallen. Dort heißt es lediglich:

„Die Sparkasse hat ihren Sitz in Frankfurt am Main. Sie unterhält Zweigstellen."

Dieselbe Fassung kehrt in den Satzungen von 1964, 1968, 1970 und 1973 wieder und ist auch Gegenstand der geltenden Satzung in der Fassung von 1978.

Die Eliminierung räumlicher Begrenzungen im Laufe der Satzungsentwicklung läßt sich auch in anderen Satzungsvorschriften nachweisen. So ist die Aufgabenstellung der Frankfurter Sparkasse von 1822 in § 2 Abs. 1 der Satzung von 1940 wie folgt umrissen:

„Die Sparkasse soll den Sparsinn fördern; sie gibt Gelegenheit, Ersparnisse und andere Gelder sicher und verzinslich anzulegen. Sie dient der *Befriedigung der örtlichen Kreditbedürfnisse* nach Maßgabe dieser Satzung."

---

[155] Im letzteren Sinne der Satzungswortlaut.
[156] In diesem Sinne aber *Schlierbach* a. a. O., S. 26.

In der Satzung von 1953 ist an die Stelle des Passus „Befriedigung der *örtlichen* Kreditbedürfnisse" die Fassung „Befriedigung der *privaten und öffentlichen* Kreditbedürfnisse" getreten. Dieser Wortlaut ist in den Satzungen von 1962, 1964, 1968, 1970 und 1978 beibehalten und derzeit geltendes Satzungsrecht. Die Beschränkung auf den örtlichen Kreditbedarf ist demnach seit nahezu 40 Jahren entfallen. Räumliche Begrenzungsklauseln lassen sich aus den Einzelvorschriften der Satzung nur für zwei Fälle feststellen. Zum einen sollen Schiffskredite nur bei Schiffen oder Schiffsbauwerken, die im Land Hessen oder im rheinmainischen Wirtschaftsgebiet ihren Heimathafen, Heimatort oder Bauort haben (§ 25 Abs. 4) gewährt werden; zum anderen sollen in der Regel Blankokredite (d. h. Kredite in laufender Rechnung oder Darlehen ohne Sicherheiten) nur an solche Personen gewährt werden, die im Land Hessen oder im rhein-mainischen Wirtschaftsgebiet ihren Wohnsitz oder Sitz haben (§ 28 Abs. 1). Beide Fälle können aber schon deswegen nicht als Stütze für das Regionalprinzip herangezogen werden, weil sie spezielle Ausnahmen betreffen, die sich zum Teil aus der Sache heraus als begründet erweisen, und insbesondere deswegen nicht, weil die räumliche Geschäftsbegrenzung sich auf das Land Hessen und rhein-mainische Wirtschaftsgebiet erstreckt, also weit über den durch das Regionalprinzip umrissenen lokalen Rahmen hinausgeht.

Momente räumlicher Begrenzung lassen sich auch nicht aus der Verwendung der Überschüsse entnehmen, denn in der Satzung heißt es lediglich, daß Überschüsse an die Polytechnische Gesellschaft ausgeschüttet werden, die diese „zur Verwendung für gemeinnützige Zwecke" einsetzt. Auch hier fehlt jeder räumliche Bezug.

Schließlich wäre es auch abwegig, räumliche Bezüge aus dem Umstand abzuleiten, daß für den Fall der Auflösung der Sparkasse die Stadt Frankfurt am Main nachrangig nach der Polytechnischen Gesellschaft und deren Instituten als Schlußerbin eingesetzt ist (§ 40 Abs. 6)[157].

Die Entwicklungsgeschichte einschlägiger Satzungsbestimmungen zeigt also mit aller Deutlichkeit, daß jene Passagen, die räumliche Begrenzungen des Geschäftsbetriebes begründen könnten, seit der Neufassung der Satzungen nach 1940 gestrichen worden sind. Da alle Satzungen die Genehmigung der zuständigen staatlichen Aufsichtsbehörden gefunden haben, muß auch davon ausgegangen werden, daß die staatlichen Aufsichtsbehörden hiergegen keine Bedenken, insbesondere nicht solche rechtlicher Art, angemeldet haben.

c) Zwischenergebnis

Eine Analyse der Vorschriften der Satzung der Frankfurter Sparkasse von 1822 ergibt, daß sich dem Satzungstext keinerlei Anhaltspunkte

---
[157] Vgl. auch *Forsthoff* (FN 24), S. 24.

entnehmen lassen, die die These stützen könnten, die Frankfurter Sparkasse von 1822 habe sich durch ihre Satzung freiwillig dem Regionalprinzip unterworfen. Die Entwicklungsgeschichte der Satzungsgebung liefert andererseits mehrere Hinweise dafür, daß im Gegenteil die ursprünglich vorhandenen räumlichen Begrenzungen des Geschäftsverkehrs beseitigt werden sollten.

3. Zusatzerwägungen

Mit dem vorstehenden Zwischenergebnis könnten die Überlegungen zur Frage der Selbstunterwerfung unter das Regionalprinzip ihren Schlußpunkt finden. Nur der Vollständigkeit halber sei skizzierend auf folgendes hingewiesen. Selbst wenn sich eine Freie Sparkasse durch Satzung freiwillig der Geltung des Regionalprinzips unterwirft, so liegt hierin eine Selbstbeschränkung, die keineswegs von anderen Konkurrenten im Kreditgewerbe geltend gemacht werden könnte. Denn ungeachtet der umstrittenen Rechtsnatur privater Satzungen[158] steht fest, daß sich der Regelungsgehalt der Satzung nur an die Vereinsmitglieder richtet. Da die Satzung überdies der staatlichen Genehmigung bedarf und eine Staatsaufsicht besteht, kann freilich auch der Staat auf Einhaltung der Satzungsbestimmungen bestehen. Nicht aber kommt außenstehenden Dritten ein subjektives Recht auf Einhaltung der Satzung zu, welches sie im Klagewege verfolgen könnten. Selbst wenn also die Satzung ein ausdrückliches Verbot dahingehend statuieren würde, Zweigstellen außerhalb des Stadtgebietes von Frankfurt zu errichten, wäre kein anderes Kreditinstitut, auch nicht eine kommunale Sparkasse rechtlich befugt, die Errichtung einer Zweigstelle außerhalb der Grenzen Frankfurts im Klagewege zu bekämpfen.

X. Gesamtergebnis des Ersten Teils

1. Nach der herrschenden Lehre und Rechtsprechung stellt das Regionalprinzip eine Kompetenznorm dar, welche die räumlichen Wirkungsbereiche von Verwaltungseinheiten in der horizontalen Ebene voneinander abgrenzt. Das Regionalprinzip findet als solches in den Sparkassengesetzen der Länder keinen verbalen Ausdruck, aber es gibt in den meisten Sparkassengesetzen Rechtsvorschriften, denen sich dem Sinngehalt nach entnehmen läßt, daß nach der Auffassung des Gesetzgebers das Regionalprinzip auch der Gliederung des Sparkassenwesens zugrunde liegt. Unabhängig von der positiv-rechtlichen Verbürgung und Manifestierung wird das Regionalprinzip im Sparkassenwesen aus

---

[158] Vgl. dazu *Ulrich Meyer-Cording*, Die Rechtsnormen, 1971, S. 83 ff.

dem Kommunalverfassungsrecht und dem Anstaltsrecht abgeleitet. Da die kommunalen Sparkassen als Anstalten der Muttergemeinwesen in Gestalt der kommunalen Gebietskörperschaften anzusehen sind, bestimmt sich ihr Wirkungskreis nach dem Zuständigkeitsbereich des jeweiligen Muttergemeinwesens als Gewährträgerin und Trägerkommune der Anstalt.

Die Einbindung der kommunalen Sparkassen in den Zusammenhang der kommunalen Selbstverwaltung und die mit ihr verbundene räumliche Wirkungsbeschränkung, die durch das Regionalprinzip ihren Ausdruck findet, ist nicht unbestritten. Sowohl in der neueren Rechtsprechung wie auch im Schrifttum gibt es ausführliche Darlegungen, die die Sparkassen als selbständige Verwaltungseinheiten oder selbständige öffentlich-rechtliche Wirtschaftsunternehmen deuten, die ihrerseits ein von den Kommunen weithin unabhängiges Eigenleben führen und deshalb auch nicht deren räumliche Wirkungsbeschränkungen teilen.

2. § 1 Abs. 3 des Hessischen Sparkassengesetzes, in welchem das Regionalprinzip zum Ausdruck kommt, findet auf die Frankfurter Sparkasse von 1822 keine Anwendung.

3. Eine analoge Anwendung des Regionalprinzips auf die Frankfurter Sparkasse von 1822 ist unzulässig. Eine Analogie scheitert an dem Fehlen der notwendigen rechtslogischen Voraussetzungen. Kommunale und Freie Sparkassen erfüllen zwar beide einen öffentlichen Auftrag, unterscheiden sich aber ihrem Rechtsstatus nach in wesentlichen Punkten voneinander.

4. Für eine Analogie fehlt es schon an dem Vorhandensein einer Gesetzeslücke. § 1 Abs. 3 des Hessischen Sparkassengesetzes, welches die Frankfurter Sparkasse ausklammert, weist insoweit keine „planwidrige Unvollständigkeit" (Gesetzeslücke) auf. Vielmehr hat der Gesetzgeber bewußt von einer Einbeziehung der Frankfurter Sparkasse von 1822 in den Geltungsbereich des Regionalprinzips abgesehen.

5. Zum Teil wird eine Gleichbehandlung von kommunalen und Freien Sparkassen aus dem Umstand abgeleitet, daß beide Institutionen dieselben Aufgaben erfüllen. Ein solcher Schluß erweist sich als unhaltbar. Es wird nämlich verkannt, daß nach gesicherter Erkenntnis der Staats- und Verwaltungsrechtslehre zwischen staatlichen und öffentlichen Aufgaben unterschieden werden muß. Staatliche Aufgaben sind dabei nur solche, die der Staat nach der geltenden Verfassungsordnung zulässigerweise an sich gezogen hat. Unsere Rechtsordnung kennt demgegenüber zahlreiche Beispiele dafür, daß Staat und Kommunen sowie gesellschaftliche Institutionen nebeneinander Aufgaben erledigen, an deren Erfüllung ein öffentliches Interesse besteht. Wenn sie deshalb von

privaten Gruppen, Verbänden oder Institutionen oder sonstigen Privaten erfüllt werden, so geschieht dies prinzipiell ohne staatliche oder kommunale Einflußnahme. Die Privatinstitutionen, die öffentliche Aufgaben erfüllen, unterliegen insbesondere nicht dem öffentlich-rechtlichen Rechtsregime, dem die staatlichen und kommunalen Aufgabenträger unterstehen. Sie sind auch nicht Gegenstand der staatlichen oder kommunalen Organisationsgewalt.

6. Die kommunalen Sparkassen sind im Gegensatz zu den Freien Sparkassen Glieder der mittelbaren (Staats-) Kommunalverwaltung. Als solche unterliegen sie deshalb auch im Gegensatz zu den Freien Sparkassen dem staatlichen und kommunalen Organisationsrecht, zu dessen Bestandteilen auch das Regionalprinzip gehört.

7. Die Staatsaufsicht, der die kommunalen Sparkassen ebenso unterliegen wie die Frankfurter Sparkasse von 1822, scheidet als Stütze für eine rechtliche Gleichbehandlung beider Sparkassen in bezug auf das Regionalprinzip aus, weil sich die Staatsaufsicht in beiden Fällen sowohl nach Rechtsgrund wie auch nach Zweck und Zielsetzung sowie dem Umfang und den Aufsichtsinstrumenten grundlegend unterscheidet.

Die Staatsaufsicht über die kommunalen Sparkassen beruht auf formalgesetzlicher Grundlage (§ 20 Hess. Sparkassengesetz) und dient der Eingliederung öffentlich-rechtlicher Verwaltungsträger in den Staatsorganismus. Sie ist inhaltlich detailliert ausgeformt und stellt der Aufsichtsbehörde die herkömmlichen Aufsichtsmittel bis hin zur Selbstvornahme zur Verfügung. Die Staatsaufsicht über die Frankfurter Sparkasse von 1822 beruht auf einem privatautonomen Akt, der sich in der durch Satzungsbestimmung vollzogenen Unterwerfung unter die Staatsaufsicht ausdrückt. Die Staatsaufsicht ist ausweislich ihrer Entstehung und auch der Fassung der Satzungsbestimmungen Korrelat zu der aufsichtsbehördlichen Zuerkennung der Mündelsicherheit. Eingriffsinstrumente der Aufsichtsbehörden, wie sie etwa in § 20 des Hessischen Sparkassengesetzes vorgesehen sind, stellt die Satzung der Frankfurter Sparkasse von 1822 den Aufsichtsbehörden nicht zur Verfügung. Inhalt, Maß und Umfang der Aufsicht sind an dem Zweck der Zuerkennung der Mündelsicherheit zu orientieren.

8. Auch die Berufung der kommunalen Sparkassen gegenüber den Freien Sparkassen auf ein Wettbewerbsverbot entbehrt der rechtlichen Haltbarkeit. Ein „Wettbewerbsverbot" ergibt sich als Konsequenz des Regionalprinzips nur für die kommunalen Sparkassen untereinander, weil das Regionalprinzip die Abgrenzung der Aktionsräume zwischen kommunalen und Freien Sparkassen thematisch nicht erfaßt. Eine An-

X. Gesamtergebnis des Ersten Teils

wendung des Regionalprinzips auf das Verhältnis zwischen kommunalen und Freien Sparkassen wäre überdies in sich widersprüchlich und mit einer verfassungs- und grundrechtskonformen Rechtsanwendung unvereinbar.

9. Auch auf die Mündelsicherheit läßt sich keine Analogie aufbauen, die es gestatten würde, die Freien Sparkassen analog zu den kommunalen Sparkassen dem Regionalprinzip zu unterwerfen. Die der Mündelsicherheit korrespondierende staatliche Last ist die Staatsaufsicht. Zwischen Mündelsicherheit und Regionalprinzip besteht keine sachliche Korrespondenz.

10. Ein Analogieschluß in dem Sinne, daß der gemeinsame Genuß von Steuerprivilegien, der den kommunalen und den unter Staatsaufsicht stehenden Freien Sparkassen gleichermaßen zukommt, dazu berechtigt, auch auf deren gemeinsame Unterworfenheit unter das Regionalprinzip zu schließen, ist rechtslogisch unhaltbar, weil dem Regionalprinzip für die Gewährung von Steuervorteilen keine tragende rechtfertigende und legitimierende Kraft zukommt und es infolgedessen an einer sachlichen Korrespondenz zwischen beiden fehlt.

11. In einen Vergleich zwischen kommunalen und Freien Sparkassen muß auch die den kommunalen Sparkassen zukommende Gewährträgerhaftung eingestellt werden. Durch das Institut der Gewährträgerhaftung sind die kommunalen Sparkassen gegenüber den Freien Sparkassen im Kreditwettbewerb einseitig begünstigt.

12. Die Geltung des Regionalprinzips kraft rechtlicher Selbstbindung durch Unterwerfung in der Satzung scheidet a limine aus. Die Satzung der Frankfurter Sparkasse von 1822 liefert für eine solche Unterwerfung keinerlei Anhalt. Aus der Entwicklungsgeschichte der Satzunggebung folgen eher gegenteilige Hinweise.

Zweiter Teil

Kann der Gesetzgeber die Frankfurter Sparkasse von 1822 durch Gesetzesänderung den kommunalen Sparkassen gleichstellen, sie insbesondere dem Regionalprinzip unterwerfen?

I. Präzisierung der Fragestellung — Legislative Gestaltungsfreiheit und verfassungsrechtliche Bindungen

Im ersten Teil der Darstellung ist die Frage der Geltung des Regionalprinzips für die Frankfurter Sparkasse von 1822 aus der Sicht des geltenden Rechts (de lege lata) beurteilt worden. Das Ergebnis war negativ. Das Regionalprinzip gilt nur für die *kommunalen* Sparkassen, dagegen nicht für die Frankfurter Sparkasse von 1822.

Nach diesem Negativattest befassen sich die folgenden Erörterungen mit dem weiteren Problem, ob das Regionalprinzip de lege ferenda durch den Gesetzgeber auf die Frankfurter Sparkasse von 1822 erstreckt werden kann. Mit dieser Fragestellung erheben sich die rechtlichen Überlegungen auf eine andere Rechtsebene, denn die Antwort auf diese Frage kann selbstredend nicht aus dem (einfachen) Gesetzesrecht gefunden werden, vielmehr beurteilt sich das Problem nach verfassungsrechtlichen Grundsätzen. Es geht um den Umfang der Gestaltungsfreiheit des Gesetzgebers. Da es nach unserer Verfassungsordnung in erster Linie dem Gesetzgeber obliegt, die Rechts-, Gesellschafts- und Wirtschaftsordnung nach politischen Kriterien und Zielen zu gestalten, muß die legislative Gestaltungsfreiheit naturgemäß weit erstreckt werden. Andererseits ist der Gesetzgeber keineswegs „selbstherrlich", wie es das Reichsgericht in einer berühmt gewordenen Entscheidung formuliert hat[1]. Vielmehr steht der (einfache) Gesetzgeber nach dem heute geltenden Verfassungsrecht und Verfassungsverständnis unter den Direktiven und Bindungen des höherrangigen Verfassungsrechts. Diese Bindungen werden durch den vom Grundgesetz intendierten intensiven Ausbau der Verfassungsgerichtsbarkeit tagtäglich in besonderem Maße offenkundig. Dem politischen Willen der gesetzgebenden Instanzen sind durch

---
[1] Vgl. *RGZ* 139, 177 (Gefrierfleischentscheidung).

die Grundrechte und Grundprinzipien der Verfassung Zügel angelegt und Schranken gesetzt, die nur durch Verfassungsänderungen und das heißt: nicht mehr nur mit einfachen, sondern im Interesse der Kontinuität und Identität der Verfassungsordnung nur mit qualifizierten Mehrheiten überwunden werden können.

Solche Bindungen, Direktiven und Schranken des (einfachen) Gesetzgebers, die aus dem Verfassungsrecht resultieren können, bestehen
— in Kompetenzvorschriften betreffend die Gesetzgebung,
— in verfassungsrechtlich verbürgten Grundrechten,
— im Gleichheitssatz,
— in anderen objektiven Verfassungsprinzipien wie beispielsweise dem Grundsatz der Verhältnismäßigkeit.

Die folgenden Überlegungen werden sich zunächst mit dem Kompetenzproblem befassen und der Frage nachgehen, welcher Gesetzgeber im Bundesstaat des Grundgesetzes für eine Normierung des Regionalprinzips für die Frankfurter Sparkasse von 1822 der Sache nach zuständig wäre. Anschließend folgen Erörterungen zu der Frage, ob eine Normierung des Regionalprinzips an Grundrechten oder anderen verfassungsrechtlichen Grundprinzipien scheitern muß.

Beide Fragen sind auf der Grundlage des Grundgesetzes zu beantworten. Sollte sich eine Sachkompetenz des hessischen Landesgesetzgebers als einschlägig erweisen, so müßte für eine materielle Prüfung auch die Verfassung des Landes Hessen herangezogen werden. Aus ihr könnten sich Grundrechte und objektive Verfassungsgrundsätze ergeben, die ihrerseits unabhängig vom Grundgesetz und über dessen Verbürgungen hinausgehend der Statuierung des Regionalprinzips entgegenstehen. Indessen zeigt eine Durchsicht des Verfassungstextes, daß die Grundrechtsverbürgungen der Verfassung des Landes Hessen einen solchen „Überschuß" grundrechtlicher Garantien nicht aufweisen und auch in den sonstigen objektivrechtlichen Prinzipien, die für die vorliegend zu beurteilende Problematik einschlägig sind und in Betracht kommen, keine Gehalte zu entdecken sind, die über den Standard des Grundgesetzes hinausgehen. Eine Beschränkung auf das Grundgesetz ist deshalb angezeigt.

II. Kompetenzrechtliche Probleme

1. Fragestellung

Die kompetenzrechtliche Problematik besteht in der Frage, ob für eine Normierung des Regionalprinzips als räumliche Geschäftsbegrenzung der Freien Sparkassen der Bundesgesetzgeber oder der Landesgesetzgeber zuständig wäre.

Nach Art. 74 Nr. 11 GG erstreckt sich die konkurrierende Gesetzgebung des Bundes auf

„11. das Recht der Wirtschaft (Bergbau, Industrie, Energiewirtschaft, Handwerk, Gewerbe, Handel, *Bank-* und *Börsenwesen*, privatrechtliches Versicherungswesen)".

Sofern dieser Kompetenztitel der Sache nach auch räumliche Geschäftsbeschränkungen im Sparkassenwesen umgreift und der Bund von seiner Kompetenz einen erschöpfenden Gebrauch gemacht hat[2], haben die Länder gemäß Art. 72 Abs. 1 GG keine Befugnis zur Gesetzgebung.

2. Zuständigkeit des Bundes im Sparkassenwesen

Zum Kompetenztitel „Recht der Wirtschaft" gemäß Art. 74 Nr. 11 GG gehört nach der Aufzählung einzelner Sachbereiche in der Klammerdefinition explicit auch das „Bankwesen". Mit dem Bankwesen ist von der Sache her die von öffentlichen und privaten Geldinstituten betriebene Kreditwirtschaft umgriffen. Dazu gehört unbestrittenermaßen auch das Sparkassenrecht[3]. „Das Sparkassenwesen ist mit dem übrigen Bankwesen so unmittelbar verbunden und so eng verzahnt, daß getrennte Zuständigkeiten auf diesem Gebiet unsinnig und praktisch unmöglich wären[4]."

Von der ihm zukommenden Kompetenz zur Regelung der öffentlichen und privaten Kreditwirtschaft hat der Bund durch den Erlaß des Geset-

---

[2] *von Mangoldt/Klein*, Das Bonner Grundgesetz, Kommentar, Band II, 1966, Art. 72 III 2 d).

[3] Vgl. *Ernst Rudolf Huber*, Wirtschaftsverwaltungsrecht, Erster Band, 2. Auflage 1953, S. 158; *von Mangoldt/Klein*, Das Bonner Grundgesetz, Band II, 1966, Art. 74 Erl. XXII.; *Maunz* bei Maunz/Dürig/Herzog/Scholz, Art. 74 Rdnr. 69; *Hans-Erhard Sprengel*, Sparkassenrecht — Bundes- oder Landesrecht?, DÖV 1952, S. 69; *Josef Hoffmann*, Kommunales Sparkassenwesen, in: Handbuch der kommunalen Wissenschaft und Praxis, Band 3, 1959, S. 750; *Bull*, JR 1975, 394; *Günter E. H. Stolzenburg*, Die rechtliche Sonderstellung der Freien Sparkassen im deutschen Sparkassenwesen, Hamburg 1956, S. 28; *Meyer-König*, Der verfassungsrechtliche Standort der Freien öffentlichen Sparkassen und der Charakter der Aufsicht, der sie sich unterstellt haben, Stuttgart 1972, S. 14; *Stern/Burmeister*, Die kommunalen Sparkassen, 1972, 179 ff.; *Uwe Twiehaus*, Die öffentlich-rechtlichen Kreditinstitute, 1965, S. 9; *Gebhard Müller*, Darf der Landesgesetzgeber den Geschäftsbereich der Württembergischen Landessparkasse auf das Gebiet des ehemaligen Landes Württemberg beschränken usw., Stuttgart 1973, S. 29; *Schmitt-Wellbrock*, Zur Rechtsstellung der freien Sparkassen als freigemeinwirtschaftliche Unternehmen unter besonderer Berücksichtigung der Frage nach der Geltung des Regionalprinzips, Diss. Frankfurt a. M. 1978, S. 355 ff..

[4] *Ernst Rudolf Huber*, wie vorige FN.

zes über das Kreditwesen Gebrauch gemacht. Dieses Gesetz gilt für alle „Kreditinstitute", demzufolge auch für die kommunalen und Freien Sparkassen, deren in § 40 KWG im Zusammenhang mit dem Bezeichnungsschutz besonders gedacht ist.

Die weitere Frage kann infolgedessen nur die sein, ob der Bund für eine landesgesetzliche (Zusatz-)Regelung noch Raum gelassen hat oder ob den Ländern möglicherweise ein eigener Gesetzgebungstitel zukommt, der seinerseits ebenfalls das Sparkassenwesen partiell ergreift, mit der Bundeskompetenz sachlich in Gemengelage liegt und abgegrenzt werden muß.

3. Begrenzungen der Bundeskompetenz

a) Begrenzung durch die Landesgesetzgebungskompetenz im Kommunalrecht

Die weitestgehende Auffassung, die zur Kompetenzproblematik, die hier in Rede steht, vertreten wird, sieht die Bundesgesetzgebungskompetenz im Sparkassenwesen durch die Landesgesetzgebungskompetenz im Kommunalrecht begrenzt.

Das Kommunalrecht gehört unbestrittenermaßen zur sog. ausschließlichen Kompetenz der Länder. Die *kommunalen* Sparkassen werden nach wie vor ungeachtet anderer Deutungsmöglichkeiten[5] als Glieder der Verwaltung ihres Gewährträgers[6] oder, wie es der *Hessische Verwaltungsgerichtshof* treffend formuliert hat, als „rechtlich selbständig organisierte Teile der Kommunalverwaltung"[7] der mittelbaren Kommunalverwaltung zugerechnet. Hieraus folgt ihre Zugehörigkeit zum Regelungsgegenstand der kommunalen Selbstverwaltung. Die Materie „Sparkassenrecht" läßt sich aus dieser Sicht als ein Sachgebiet begreifen, welches sowohl von der Bundeskompetenz für das „Bankwesen" wie auch von der Landeskompetenz für das „Kommunalrecht" jeweils partiell erfaßt wird. Diese Verwurzelung des Rechts der kommunalen Sparkassen sowohl im Bundes- wie auch im Landesrecht hat ihre Ursache in der durch die Unterscheidung zwischen Status und Funktion bedingten Doppelstellung der kommunalen Sparkassen. In ihrem Status sind die kommunalen Sparkassen kommunale Anstalten, als solche Glieder der kommunalen resp. staatlichen Organisation und demzufolge

---

[5] Vgl. z. B. *Thomas Brzoska*, Die öffentlich-rechtlichen Sparkassen zwischen Staat und Kommunen, 1976.

[6] Vgl. z. B. *Köhler*, Die Beschränkungen des Wirkungskreises der kommunalen Sparkassen, 1969, S. 58; *Stern/Nierhaus*, Rechtsfragen der Neuordnung des Sparkassenwesens als Folge kommunaler Neugliederung, 1976, S. 16 ff. mit weiteren Nachweisen aus Rechtsprechung und Schrifttum.

[7] *HessVGH* ESVGH 16, 151 = Sparkasse 1966, 342; vgl. auch *OVG Lüneburg* DÖV 1978, 98.

auch der staatlichen resp. kommunalen Organisationsgewalt unterworfen. Funktionell betreiben die kommunalen Sparkassen demgegenüber, ungeachtet ihres weiterbestehenden öffentlichen Auftrages, im wesentlichen alle Bankgeschäfte, die auch zum Geschäftsbetrieb anderer privater Kreditinstitute gehören.

In dieser Zweiteilung hat man denn auch den Ansatz für eine Kompetenzabgrenzung zwischen Bund und Ländern im Sparkassenwesen gesehen. So heißt es etwa: „Das Sparkassenrecht zerfällt in die beiden Bereiche der Organisation und Geschäftspolitik. Für letzteren Bereich ist der Bund gemäß Art. 74 Nr. 11 GG zuständig. Der Bereich der Organisation gehört nach wie vor zur Länderzuständigkeit, mit Ausnahme gewisser wichtiger organisatorischer Grundfragen, die der Bund regeln kann, weil sie als notwendiger Bestandteil der Geschäftspolitik der Sparkassen begriffen werden können[8]." Diese Zweiteilung hat sich im einschlägigen Schrifttum durchgesetzt[9]. Allerdings vermag sie ihrerseits nur eine grobe Grenzlinie zu vermitteln. Denn es kann nicht übersehen werden, daß sich „Organisation" und „Geschäftspolitik" eines Kreditinstituts kaum voneinander scharf trennen lassen[10].

Sieht man einmal von den damit verbundenen Grenzziehungsproblemen ab, so wäre des weiteren zu entscheiden, ob das Regionalprinzip als räumliche Geschäftsbeschränkung der Sache nach zum Bereich der „Organisation" oder der „Geschäftspolitik" gehört. Im Kontext des *kommunalen* Sparkassenwesens ist das Regionalprinzip unzweifelhaft ein Organisationsprinzip, weil es die Zuständigkeit zwischen verschiedenen Hoheitsträgern abgrenzt[11].

Diese Sinndeutung könnte man nicht ohne weiteres übernehmen, wenn das Regionalprinzip auch für die *Freien* Sparkassen eingeführt werden sollte. Denn in diesem Falle stünde die Abgrenzung von Verwaltungsräumen im Rahmen der Betätigung staatlicher Organisationsgewalt nicht zur Diskussion. Vielmehr hätte das Regionalprinzip ersichtlich die Funktion der Eindämmung des Wettbewerbs und insoweit unzweifelhaft eine pointiert „geschäftspolitische" Bedeutung, so daß es — ungeachtet aller Abgrenzungsschwierigkeiten — zum Gesetzgebungskompetenzbereich des Bundes gehören würde.

---

[8] *Sprengel*, Sparkassenrecht — Bundes- oder Landesrecht?, DÖV 1952, 69 (72).

[9] Vgl. etwa *Twiehaus*, Die öffentlich-rechtlichen Kreditinstitute, 1965, S. 9 f.; *Stern/Burmeister*, Die kommunalen Sparkassen, 1972, S. 183 mit weiteren Nachweisen.

[10] Entschiedener *Ernst Rudolf Huber*, Wirtschaftsverwaltungsrecht, Band I, 2. Aufl. 1953, S. 159, der eine Trennung für unmöglich hält und daraus auch die gebotene kompetenzrechtliche Folgerung zieht.

[11] Vgl. oben ERSTER TEIL sub I.

II. Kompetenzrechtliche Probleme

Letztlich bedürfen alle aufgeworfenen Abgrenzungsfragen, die daraus resultieren, daß man das Sparkassenwesen als regelungsfähige Materie der Zweiteilung in „Organisation" und „Geschäftspolitik" unterwirft, keiner weiteren Erörterung oder Entscheidung. Denn es ist offenkundig, daß diese Zweiteilung, mit deren Hilfe versucht wird, einen Teil der Materie des Sparkassenwesens für den Landesgesetzgeber zu reklamieren, nur und ausschließlich für die *kommunalen* Sparkassen Geltung haben kann. Denn nur die kommunalen Sparkassen sind Glieder der mittelbaren Staats- resp. Kommunalverwaltung und nur sie sind deshalb der staatlichen Organisationsgewalt unterworfen, nicht hingegen die Freien Sparkassen. Wie in früherem Zusammenhang ausführlich dargetan stehen die Freien Sparkassen außerhalb der mittelbaren Staatsverwaltung und unterliegen nicht der staatlichen Organisationsgewalt. Infolgedessen werden die Freien Sparkassen sowohl ihrer Geschäftspolitik wie auch ihrer Organisation nach vollständig von dem Kompetenztitel des Art. 74 Nr. 11 („Bankwesen") erfaßt. Dies bedeutet: da der Bund diesen Kompetenztitel durch den Erlaß des Gesetzes über das Kreditwesen ausgeschöpft hat, bleibt für den Landesgesetzgeber kein Regelungsraum mehr übrig[12].

b) Begrenzung durch die Bedürfnisklausel

Aus dem vorstehenden Befund ist im Schrifttum folgerichtigerweise das Resultat gezogen worden, daß eine Beschränkung des Bundesgesetzgebers bei der Regelung der Rechtsverhältnisse der Freien Sparkassen nur durch die Bedürfnisklausel des Art. 72 Abs. 2 GG gezogen wird[13].

Nach dieser Verfassungsvorschrift hat der Bundesgesetzgeber im Bereich der konkurrierenden Gesetzgebung ein Gesetzgebungsrecht, „soweit ein Bedürfnis nach bundesgesetzlicher Regelung besteht, weil

1. eine Angelegenheit durch die Gesetzgebung einzelner Länder nicht wirksam geregelt werden kann oder

2. die Regelung einer Angelegenheit durch ein Landesgesetz die Interessen anderer Länder oder der Gesamtheit beeinträchtigen könnte oder

---

[12] Ebenso *Stolzenburg*, Die rechtliche Sonderstellung der Freien Sparkassen im deutschen Sparkassenwesen, Hamburg 1956, S. 29; *Schmitt-Wellbrock*, Zur Rechtsstellung der freien Sparkassen als freigemeinwirtschaftliche Unternehmen unter besonderer Berücksichtigung der Frage nach der Geltung des Regionalprinzips, Diss. Frankfurt a. M. 1978, S. 361; *Bull*, JR 1975, 394; *Gebhard Müller*, Darf der Landesgesetzgeber den Geschäftsbereich der Württembergischen Landessparkasse auf das Gebiet des ehemaligen Landes Württemberg beschränken usw., 1973, S. 29; *Meyer-König*, Der verfassungsrechtliche Standort der Freien öffentlichen Sparkassen und der Charakter der Aufsicht, der sie sich unterstellt haben, 1972, S. 14.

[13] Vgl. *Stolzenburg* a. a. O.; *Ernst Rudolf Huber* (FN 10).

3. die Wahrung der Rechts- oder Wirtschaftseinheit, insbesondere die Wahrung der Einheitlichkeit der Lebensverhältnisse über das Gebiet eines Landes hinaus sie erfordert."

Es ist keine Frage, daß das Gesetz über das Kreditwesen, auch soweit es die Freien Sparkassen als Kreditinstitute in seine Normierung einbezieht, durch diese Bedürfniskompetenz des Bundes getragen wird. Des weiteren steht fest, daß das Kreditwesengesetz den Bereich der Organisation von Kreditinstituten keineswegs ausgeklammert, sondern vielmehr — wenn auch nur sehr vorsichtig und zurückhaltend — in seine Regelungen einbezogen hat[14]. Dies bedeutet, daß auch die Organisation prinzipiell Gegenstand der Bundesgesetzgebung geworden ist, und zwar mit dem Ergebnis, daß, soweit keine organisatorischen Regelungen getroffen worden sind, der unternehmerischen Organisationsinitiative und Organisationsfreiheit Raum gelassen werden soll. Auch in einer solchen Aussparung von Regelungen, die privater Initiative Fesseln anlegen, kann eine gesetzgeberische Entscheidung liegen.

Die Gesetzgebungsmaterie „Recht der Freien Sparkassen" ist damit durch den Bund ausgeschöpft, so daß für die Länder keine Möglichkeiten einer ergänzenden Regelung verbleiben. Daraus folgt, daß für eine Normierung des Regionalprinzips hinsichtlich der Freien Sparkassen nach der derzeitigen Rechtslage nur der Bund zuständig wäre. Eine Ländergesetzgebungskompetenz besteht insoweit nicht.

4. Kritik abweichender Ansichten der Rechtsprechung

Das vorstehende Resultat zum Kompetenzproblem beruht auf Ableitungszusammenhängen, die im Gegensatz zu sonst in der Jurisprudenz gewohnten Streitfragen keinen Raum für Auslegungszweifel lassen. Um so erstaunlicher ist die Tatsache zu registrieren, daß sich in der Rechtsprechung vereinzelt Entscheidungen finden, die im Ergebnis das Gegenteil besagen. So heißt es in einem Beschluß des *Bundesverwaltungsgerichts* vom 15. August 1972 wie folgt:

„Der Betrieb einer Sparkasse ist in diesem Lande (Schleswig-Holstein) eine öffentliche, als solche institutionalisierte Aufgabe. Der Landesgesetzgeber ist befugt, dafür Sonderregelungen zu treffen. Er ist insbesondere nicht gehindert, die Erfüllung dieser Aufgabe, auch soweit sie nichtöffentlichrechtlichen Instituten überlassen oder übertragen ist, in der Weise zu regeln, daß sich die Wirkungsbereiche der Aufgabenträger nicht überschneiden, daß diese sich nicht gegenseitig Konkurrenz machen und dadurch die bestmögliche Erfüllung der Aufgabe im ganzen Land beeinträchtigen[15]."

---

[14] Vgl. *Szagunn/Neumann/Wohlschieß*, Gesetz über das Kreditwesen, Kommentar, 3. Aufl. 1976, § 1 Erl. 4.
[15] *BVerwG* Sparkasse 1973, 35 (36).

II. Kompetenzrechtliche Probleme

Dieser Auffassung hat sich das *Verwaltungsgericht Schleswig-Holstein* in einem Urteil vom 22. Februar 1974 angeschlossen mit der Begründung, der Bundeskompetenz unterliege nur das *materielle* Sparkassenrecht, während das *formelle* Sparkassenwesen (einschließlich Organisation) in die Kompetenz des Landesgesetzgebers falle, weil der Bundesgesetzgeber im Gesetz über das Kreditwesen über die Form der Sparkassentätigkeit keine Regelung getroffen habe[16]. Die Argumentation des *VG Schleswig-Holstein* dürfte durch die KWG-Novelle von 1976 inzwischen überholt sein[17]. Nachdem sich der Gesetzgeber des Gesetzes über das Kreditwesen, wenn auch sehr zurückhaltend, der Organisation der Kreditinstitute angenommen hat, kann keine Rede mehr davon sein, daß insoweit noch Kompetenzräume für den Landesgesetzgeber verblieben sind.

Von anderer Art ist die Argumentation des Bundesverwaltungsgerichts in der oben mitgeteilten Entscheidung. Das Gericht leitet die Landesgesetzgebungskompetenz aus der These ab, daß der Betrieb einer Sparkasse in Schleswig-Holstein eine — nach Ansicht des Gerichts offenbar durch den Gesetzgeber geschaffene — „öffentliche, als solche Institutionalisierte Aufgabe" darstelle, die sich als solche dem legislativen Gestaltungswillen öffnet. — Dieser Ausgangspunkt ist jedoch unzutreffend. Zu dem Zusammenhang zwischen der Erfüllung sog. öffentlicher Aufgaben und dem Rechtsstatus der Freien Sparkassen ist bereits in früherem Zusammenhang ausführlich Stellung genommen worden[18].

Dabei wurde insbesondere auf den Unterschied zwischen den *staatlichen* und *kommunalen* Aufgaben hingewiesen, den die Entscheidung des *Bundesverwaltungsgerichts* vermissen läßt. Aus der Erfüllung einer öffentlichen Aufgabe kann, wie schon früher nachgewiesen, für den Rechtsstatus eines Aufgabenträgers, namentlich seinen räumlichen Wirkungsbereich, nichts hergeleitet werden. Insbesondere scheidet eine rechtliche Gleichbehandlung mit staatlichen oder kommunalen Verwaltungsträgern aus, die mit Privatinstitutionen gemeinsam öffentliche Aufgaben erfüllen. Ob eine öffentliche Aufgabe durch den Gesetzgeber zur staatlichen erklärt werden kann, hängt von einer *materiellen* Verfassungsprüfung ab, auf die sogleich zurückzukommen ist.

Fest steht jedenfalls, daß weder die Argumentation des *VG Schleswig-Holstein* noch die des *Bundesverwaltungsgerichts* haltbar ist. Im Ergebnis bleibt nur die Folgerung, daß die in beiden Entscheidungen angesprochene Regelung des schleswig-holsteinischen Sparkassengeset-

---

[16] *VG Schleswig-Holstein* JR 1975, 389 mit abl. Anm. *Bull.*
[17] Vgl. dazu *Szagunn/Neumann/Wohlschieß*, Gesetz über das Kreditwesen, Kommentar, 3. Aufl. 1976, § 1 Erl. 4 und oben im Text unter 3. b).
[18] Vgl. oben ERSTER TEIL sub IV.

zes verfassungswidrig ist. Im Schrifttum ist denn auch diese Folgerung mit Recht gezogen worden[19].

5. Ergebnis

Das Sparkassenwesen gehört zur konkurrierenden Gesetzgebungskompetenz des Bundes (Art. 74 Nr. 11: „Bankwesen"). Dieser Gesetzgebungskompetenz steht die Gesetzgebungskompetenz der Länder im Kommunalrecht gegenüber, die auch die Zuständigkeit einschließt, Organisationsfragen der kommunalen Sparkassen zu regeln. Üblicherweise wird deshalb im Sparkassenwesen eine Zweiteilung vorgenommen: danach soll die „Geschäftspolitik" zur Kompetenz des Bundes, die „Organisation" dagegen zur Kompetenz der Länder gehören. Dieser Kompetenzstreit berührt die *Freien* Sparkassen *nicht*, weil diese unter keinen denkbaren Gesichtspunkten mit der Landeskompetenz des Kommunalrechts in Zusammenhang gebracht werden können. Für die Freien Sparkassen ist demzufolge die genannte Zweiteilung nicht maßgeblich. Sie unterstehen insgesamt dem Kompetenztitel des Art. 74 Nr. 11 GG. Von diesem Kompetenztitel hat der Bund durch den Erlaß des Gesetzes über das Kreditwesen erschöpfenden Gebrauch gemacht, so daß für die Landesgesetzgeber kein Regelungsraum mehr verbleibt. Die Einführung des Regionalprinzips für die Freien Sparkassen kann demnach, soweit ihr nicht materielle Bedenken entgegenstehen, nur durch Bundesgesetz erfolgen.

III. Verletzung von Grundrechten

1. Präzisierung des Rechtsproblems

a) Kreis der betroffenen Grundrechtspositionen

Die gesetzliche Statuierung des Regionalprinzips für die Freien Sparkassen würde die Frankfurter Sparkasse von 1822 in zweifacher Hinsicht treffen:

Erstens würde ein strikt verstandenes Regionalprinzip bedeuten, daß die Frankfurter Sparkasse von 1822 ihre Geschäftstätigkeit auf den Raum der Stadt Frankfurt am Main beschränken müßte. Dies hätte zur Folge, daß alle bereits außerhalb dieses Raumes errichteten Zweigstellen zu schließen wären. Ein bereits legal und legitim erworbener Besitzstand würde der Frankfurter Sparkasse von 1822 genommen.

---

[19] Vgl. *Bull* JR 1975, 394; ferner: *Schmitt-Wellbrock*, Zur Rechtsstellung der freien Sparkassen als freigemeinwirtschaftliche Unternehmen unter besonderer Berücksichtigung der Frage nach der Geltung des Regionalprinzips, Diss. Frankfurt a. M. 1978, S. 358 f..

III. Verletzung von Grundrechten

Zweitens würde die gesetzliche Festlegung des Regionalprinzips die Frankfurter Sparkasse von 1822 daran hindern, in Zukunft weitere Zweigstellen außerhalb des Raums Frankfurt am Main zu errichten. Sie wäre damit auf alle Zeiten in ihrer geschäftlichen Betätigung räumlich und damit auch sachlich beschränkt.

Daraus wird ohne weiteres deutlich, daß die Normierung des Regionalprinzips unter dem Aspekt verschiedener Grundrechtspositionen der näheren Prüfung bedarf. In Betracht kommen die Garantie des Eigentums gemäß Art. 14 GG, das Grundrecht der Berufsfreiheit nach Art. 12 GG und die Freiheit der wirtschaftlichen Betätigung, die das Bundesverfassungsgericht in Art. 2 GG gewährleistet sieht[20]. Die Freiheit der wirtschaftlichen Betätigung wird allerdings im Grundrecht der Berufs- und Gewerbefreiheit des Art. 12 GG grundrechtsspeziell ausgeformt. Deshalb schließt Art. 12 Abs. 1 GG, soweit er grundrechtsthematisch zutrifft, Art. 2 als Prüfungsmaßstab aus[21]. Auf die Grundrechtsgewährleistung der wirtschaftlichen Betätigungsfreiheit gemäß Art. 2 GG ist somit nur dann zurückzukommen, wenn die Berufsfreiheit grundrechtsthematisch die vorliegende Konfliktslage nicht erfaßt.

Im Zentrum der Erwägungen stehen deshalb die Grundrechte der Art. 14 und 12 GG. Die Abgrenzung der durch diese beiden Grundrechtsartikel abgedeckten Freiheitsbereiche ist nicht immer trennscharf zu vollziehen. Das *Bundesverfassungsgericht* hat in einer Grundsatzentscheidung hierzu folgende Positionen abgesteckt:

„Die Gewährleistung des Eigentums ergänzt insoweit die Handlungs- und Gestaltungsfreiheit *(BVerfGE 14, 288 [293])*, indem sie dem Einzelnen vor allem den durch eigene Arbeit und Leistung erworbenen Bestand an vermögenswerten Gütern anerkennt. Mit dieser „objektsbezogenen" Gewährleistungsfunktion schützt Art. 14 Abs. 1 GG jedoch nur Rechtspositionen, die einem Rechtssubjekt bereits zustehen *(BVerfGE 20, 31 [34])*, insbesondere schützt er keine Chancen und Verdienstmöglichkeiten *(BVerfGE 28, 119 [142])*. Daraus folgt auch die grundsätzliche Abgrenzung zu Art. 12 Abs. 1 GG: Art. 14 Abs. 1 GG schützt das Erworbene, das Ergebnis der Betätigung, Art. 12 Abs. 1 GG dagegen den Erwerb, die Betätigung selbst *(Wittig,* Bundesverfassungsgericht und Grundrechtssystematik, Festschrift für Gebhard Müller, 1970, S. 575 ff. [590])[22]."

Angesichts dieser Zweiteilung nach „Erworbenem" und „Erwerb" leuchtet ohne weiteres ein, daß die mit der Statuierung des Regionalprinzips verbundene Schließung von Zweigstellen unter dem Gesichtspunkt des Eigentumsschutzes, die Versperrung der weiteren Geschäftsausdehnung hingegen unter dem Gesichtspunkt der Berufs- und Gewer-

---
[20] Vgl. *Rupert Scholz,* Das Grundrecht der freien Entfaltung der Persönlichkeit in der Rechtsprechung des Bundesverfassungsgerichts, AöR 100 (1975), S. 80 ff., 265 ff. (128, 274) mit Nachweisen.
[21] BVerfGE 30, 336; 33, 191, 247.
[22] BVerfGE 30, 292 (334 f.).

befreiheit verfassungsrechtliche Relevanz gewinnen. In dieser Reihenfolge wird deshalb auch die folgende Grundrechtsprüfung zu vollziehen sein.

b) Frankfurter Sparkasse von 1822 als Grundrechtsträgerin

Bevor indessen einer konkreten Grundrechtsprüfung nähergetreten werden kann, bedarf eine weitere grundsätzliche Vorfrage näherer Betrachtung: die Frage der Grundrechtsträgerschaft der Frankfurter Sparkasse von 1822.

Geht man vom Text des Grundgesetzes aus, so kann nicht der geringste Zweifel bestehen, daß die Frankfurter Sparkasse von 1822, die in der Rechtsform eines eingetragenen Vereins besteht, prinzipiell Grundrechtsträgerin ist, denn Art. 19 Abs. 3 GG sagt ausdrücklich, daß die Grundrechte auch für inländische juristische Personen gelten. Die Frage kann demzufolge nur sein, welche der einzelnen Grundrechtsverbürgungen, die von Haus aus auf Freiheitsgarantien für menschliches Verhalten gemünzt sind, „ihrem Wesen nach" auch auf juristische Personen angewendet werden können. Auch diese Frage ist indessen, jedenfalls was die hier in Betracht stehenden Grundrechtspositionen anbetrifft, außer Streit. Dies gilt sowohl für das „objektsbezogene" Grundrecht auf Eigentum wie auch für die Berufsfreiheit[23].

Daß auch die höchstrichterliche Rechtsprechung selbst ausdrücklich von der Grundrechtsträgerschaft der Freien Sparkassen, namentlich hinsichtlich der Berufsfreiheit, ausgeht, beweist die Entscheidung des *Bundesverwaltungsgerichts* vom 15. August 1972, in der das Gericht eine gegen eine Freie Sparkasse gerichtete staatliche Maßnahme an Art. 12 Abs. 1 GG gemessen hat[24]. Ein solches Vorgehen zeigt unmißverständlich, daß das Bundesverwaltungsgericht die Grundrechtsträgerschaft der Freien Sparkassen im Grundsatz offenbar als unproblematisch erachtet.

Wenn die Freien Sparkassen in einigen Urteilen gleichwohl eine bemerkenswerte „grundrechtliche Sonderbehandlung" gegenüber anderen juristischen Personen des privaten Rechts im Wirtschaftsleben erfahren[25], so hat dies seinen Grund in einer ungerechtfertigten Gleichsetzung der Freien Sparkassen mit den kommunalen Sparkassen, wobei bei dieser Gleichsetzung zum Teil obendrein ein falscher Ausgangspunkt zugunde gelegt wird. Hierzu sind zwei Anmerkungen vonnöten.

Soweit geltend gemacht wird, die Freien Sparkassen seien mit den kommunalen Sparkassen rechtlich gleichzubehandeln, woraus folge,

---

[23] Vgl. *BVerfGE* 30, 292 (312, 334).
[24] *BVerwGE* Sparkasse 1973, 35 (36).
[25] Vgl. *OVG Lüneburg* OVGE 28, 473 (481); *VG Schleswig-Holstein* JR 1975, 389 (390).

daß den Freien Sparkassen ebensowenig Grundrechtspositionen zugestanden werden könnten wie den kommunalen Sparkassen als juristischen Personen des öffentlichen Rechts, liegt in dieser These bereits eine fehlerhafte Prämisse.

Falsch ist nämlich schon die Aussage, daß den kommunalen Sparkassen jeglicher Grundrechtsschutz versagt sei, weil sie als juristische Personen des öffentlichen Rechts organisiert sind. Ohne auf den Stand der Diskussion über die Grundrechtsfähigkeit der juristischen Personen des öffentlichen Rechts im einzelnen eingehen zu müssen[26], läßt sich feststellen, daß selbst die *kommunalen* Sparkassen keineswegs vom Grundrechtsschutz vollends ausgesperrt sind[27].

Allerdings findet dieser Grundrechtsschutz der *kommunalen* Sparkassen Grenzen und Beschränkungen, die sich aus der funktionellen und institutionellen Einbindung in die Staats- und Kommunalverwaltung ergeben. Der Grundrechtsschutz der kommunalen Sparkassen kann sich nicht gegen gesetzlich vorgesehene Staatsaufsichtsmaßnahmen und auch nicht gegen Regelungen und Anordnungen, die der staatlichen Organisationsgewalt entspringen, durchsetzen, weil die kommunalen Sparkassen insofern als Glieder der Staats- und Kommunalverwaltung angesprochen sind, sich also nicht in einer „grundrechtstypischen Gefährdungslage"[28] befinden, sondern als Elemente des institutionalisierten staatlichen Verwaltungsaufbaus erscheinen. Die funktionelle und institutionelle Einbindung der kommunalen Sparkassen in den hoheitlichen Verwaltungsapparat, die ihrerseits den Grundrechtsschutz modifiziert und einschränkt, ist aber genau jene Besonderheit, die die Freien Sparkassen gerade nicht mit den kommunalen Sparkassen gemeinsam haben. Denn nach den bereits durchgeführten Untersuchungen an früherer Stelle sind die Freien Sparkassen weder Glieder der mittelbaren Staats- oder Kommunalverwaltung[29] noch erfüllen sie staatliche oder kommunale Aufgaben[30].

Es fehlt also an der institutionellen und funktionellen Einordnung in den hoheitlichen Bereich. Viel mehr sind die Freien Sparkassen das, was ihr Name sagt, „frei" von Einbindungen und Anbindungen in hoheitliche Gliederungs- und Weisungszusammenhänge[31]. Deshalb kann die durch die Grundrechte verbürgte Freiheit der Freien Sparkassen

---

[26] Vgl. dazu zuletzt *Herbert Bethge*, Zur Grundrechtsfähigkeit der öffentlichen Hand, Juristische Arbeitsblätter 1978, S. 533 ff.
[27] Vgl. zum Streitstand *von Mutius*, in: Bonner Kommentar, Art. 19 Abs. 3 Rdnr. 135 ff.
[28] So *BVerfGE* 45, 63 (79).
[29] Dazu oben ERSTER TEIL sub V.
[30] Dazu oben ERSTER TEIL sub IV.
[31] Vgl. *Kolbeck*, Die „Freien Sparkassen", in Kommunalwirtschaft 1976, 48 (50).

auch durch die staatliche Organisationsgewalt keine Einschränkungen erfahren. Der Grundrechtsstatus der Freien Sparkassen ist deshalb schon im Ansatz mit dem Grundrechtsstatus der kommunalen Sparkassen unvergleichbar.

2. Verstoß gegen Art. 14 GG

a) *Doppelter Eigentumsschutz — Enteignungsschutz und Entschädigung*

Bevor in konkreten Betrachtungen dargelegt werden soll, ob und in welchem Maße sich die Frankfurter Sparkasse von 1822 unter dem Gesichtspunkt des Eigentumsschutzes gegen die gesetzliche Festlegung eines strikten Regionalprinzips zur Wehr setzen kann, bedarf der Hervorhebung, daß Art. 14 GG für den betroffenen Grundrechtsträger einen doppelten Schutz vorsieht. Diese Verdoppelung des Eigentumsschutzes hat das *Bundesverfassungsgericht* im Urteil vom 18. Dezember 1968 betreffend die Hamburgische Deichordnung in prägnanter Weise herausgearbeitet. Die entsprechende, hier interessierende Passage der Urteilsgründe lautet wie folgt:

„Hierbei ist zunächst wesentlich, daß der Eigentumsgarantie des Art. 14 GG eine andere und umfassendere Bedeutung zukommt, als der der Weimarer Reichsverfassung. Sie hat nicht in erster Linie die Aufgabe — und schon insoweit geht sie über Art. 153 WRV hinaus —, die entschädigungslose Wegnahme von Eigentum zu verhindern, sondern den Bestand des Eigentums in der Hand des Eigentümers zu sichern. Die zur Weimarer Reichsverfassung und teilweise auch zu Art. 14 GG vertretene Auffassung, die Eigentumsgarantie sei ihrem wesentlichen Gehalt nach eine Eigentumswertgarantie und der Zugriff auf das Eigentum sei hinzunehmen, wenn der Betroffene nur ausreichend entschädigt werde, steht mit dem Sinngehalt des Art. 14 GG nicht in Einklang. Da im Bereich der Weimarer Reichsverfassung eine verfassungsrechtliche Prüfung der Enteignungsgesetze auf ihre Verfassungsmäßigkeit unter dem Gesichtspunkt des Grundrechtsschutzes nicht vorgesehen war und eine Prüfung der Zulässigkeit eines Einzelenteignungsaktes nur in ganz beschränktem Umfang in Betracht kam, mußte die Rechtsprechung notwendigerweise den Schutz des Bürgers im Entschädigungsrecht — insbesondere aber auch in einer Ausdehnung des Enteignungsbegriffs — suchen. Das Grundrecht wurde damit weitgehend zu einem Anspruch auf eine angemessene Entschädigung.

Demgegenüber muß — wie bereits betont wurde — das durch Art. 14 Abs. 1 Satz 1 GG gewährleistete Eigentum in seiner personenhaften Bezogenheit gesehen werden — als ein Freiheitsraum für eigenverantwortliche Betätigung. Die Eigentumsgarantie ist nicht zunächst Sach-, sondern Rechtsträgergarantie. Das Grundrecht gewährt vor allem die Befugnis, jede ungerechtfertigte Einwirkung auf den Bestand der geschützten Güter abzuwehren[32]."

Art. 14 GG gewährt also in erster Linie Bestandsschutz, anders gesprochen: *Enteignungsschutz.* Erst wenn der Zugriff auf das Eigentum

---
[32] *BVerfGE* 24, 367 (400).

III. Verletzung von Grundrechten

im Interesse des Gemeinwohls unvermeidlich und unabdingbar ist, wandelt sich die Bestandsgarantie in eine Eigentumswertgarantie, der Enteignungsschutz in eine Entschädigungspflicht um[33]. Im Sinne einer Grundrechteffektuierung bricht deshalb das Grundgesetz mit dem alten Satz: „Dulde und liquidiere". Die Entschädigungspflicht wird als Schutzsurrogat an die zweite Stelle gesetzt.

Entsprechend dieser Schutzabstufung der grundgesetzlichen Eigentumsgarantie wird in einem ersten Schritt zu prüfen sein, ob die Bestandsgarantie des Art. 14 GG der gesetzlichen Einführung des Regionalprinzips im strikten Sinne a limine entgegensteht oder ob der Gesetzgeber zwar Erworbenes nehmen kann, aber zur Entschädigung verpflichtet ist.

b) Die als Eigentum geschützte Rechtsposition der Frankfurter Sparkasse von 1822

Die Frankfurter Sparkasse von 1822 unterhält außer der Zweigstelle in Bad Vilbel weitere Zweigstellen außerhalb des Frankfurter Stadtgebietes. Bei einer gesetzlichen Statuierung eines strikten Regionalprinzips, das im Extremfalle eine räumliche Beschränkung auf das Gebiet der Stadt Frankfurt am Main bedeuten würde, müßten diese außerhalb des Stadtgebietes liegenden Zweigstellen folgerichtigerweise aufgegeben werden. Die gesetzliche Einführung eines strikten Regionalprinzips würde also augenscheinlich in gravierendem Maße in den eingerichteten und ausgeübten Gewerbebetrieb der Frankfurter Sparkasse von 1822 eingreifen. In der Rechtsprechung ist unbestritten, daß der „eingerichtete und ausgeübte Gewerbebetrieb" den Eigentumsschutz des Art. 14 GG genießt[34]. Die mit dieser Rechtsposition umschriebene Substanz hat der *Bundesgerichtshof* bereits frühzeitig in einer noch heute gültigen Entscheidungsformulierung umrissen. Dort heißt es:

„Gerade so wie das Eigentum nicht nur in seinem Bestand, sondern auch in seinen einzelnen Ausstrahlungen unter dem Schutz der Eigentumsgarantie steht, wird auch das Recht am eingerichteten und ausgeübten Gewerbebetrieb nicht nur in dessen eigentlichem Bestand, sondern auch in dessen einzelnen Erscheinungsformen, wozu der gesamte gewerbliche Tätigkeitskreis zu rechnen ist, vor unmittelbaren Störungen bewahrt ... Zum Gewerbebetrieb gehören nach heutiger Auffassung nicht nur die Betriebsgrundstücke und -räume sowie die Einrichtungsgegenstände, die Warenvorräte und die Außenstände; dazu gehören auch geschäftliche Verbindungen, Beziehungen, der Kundenstamm, kurz alles das, was in seiner Gesamtheit den wirtschaftlichen Wert des konkreten Gewerbebetriebes ausmacht. Gerade der vom I. Zivil-

---

[33] *BVerfGE* 35, 348 (361).
[34] *BVerfGE* 13, 225 (229); *Badura*, Eigentumsschutz des eingerichteten und ausgeübten Gewerbebetriebes, AöR 98 (1973), 153 ff.; *Kreft*, Der Gewerbebetrieb als verfassungsrechtlich geschütztes Eigentum nach der Rechtsprechung des BGH, WM 1977, 382 ff.

senat gezogene Vergleich mit dem im Rahmen der Eigentumsgarantie entwickelten Begriff des Eigentums zeigt, daß das Recht am eingerichteten Gewerbebetrieb nicht nur den eigentlichen Bestand des Gewerbebetriebes, sondern auch dessen einzelne Erscheinungsformen, wozu der gesamte gewerbliche Tätigkeitskreis gehört, umfaßt. Daraus folgt, daß bei wirtschaftlich wertender Beurteilung, wie sie gerade bei Eingriffen in Vermögensrechte erforderlich ist (*BGHZ* 19, 1 [4]), erst die jeweilige Situation, in der ein Gewerbe betrieben wird, den vermögensrechtlichen Umfang des Betriebes schafft[35]."

Das vorstehende Zitat könnte in seinem Aussagegehalt Bedeutung gewinnen für die Einschätzung des Geschäftswertes der in Betracht stehenden Zweigstellen. Daß ihre Schließung schlechthin einen, und zwar den für einen Gewerbebetrieb denkbar schwersten Eingriff darstellt, steht außer Frage.

c) Zur Zulässigkeit einer Enteignung

Nach Art. 14 Abs. 3 Satz 1 GG ist eine Enteignung nur zum „Wohle der Allgemeinheit" zulässig. Bei allen Schwierigkeiten, das Allgemeinwohl zu definieren und zu substantiieren, besteht in der einschlägigen Rechtsprechung und im Schrifttum Einigkeit darüber, daß mit diesem Begriff nicht pauschal auf die Gestaltungsfreiheit des Gesetzgebers verwiesen wird, der das Gemeinwohl nach seinem freien politischen Wollen verbindlich definieren kann. Wäre dies so, so würde die vom *Bundesverfassungsgericht* mit Recht stark betonte Eigentumsbestandsgarantie wiederum in einer Weise relativiert, daß man sie praktisch als wertlos bezeichnen müßte. Es ist deshalb folgerichtig, wenn das *Bundesverfassungsgericht* selbst, ohne Rücksicht auf Form und Verfahren der Enteignung (Administrativenteignung oder Legislativenteignung), unmißverständlich betont, daß die Frage, ob eine Enteignung dem Allgemeinwohl dient, seiner Prüfung unterliegt und als Prüfungskriterien grundsätzlich die für die Administrativenteignung verwendeten Maßstäbe gelten[36].

Daraus ergibt sich, daß für die Legalenteignung nicht nur in gleicher Weise wie für die Administrativenteignung das rechtsstaatliche Gebot der Verhältnismäßigkeit zu beachten ist, sondern daß überdies das in Art. 14 GG angesprochene Gemeinwohl nicht mit jedem öffentlichen Interesse identisch ist, sondern „etwas Spezifisches bedeutet"[37].

Zwei Entscheidungszitate mögen verdeutlichen, in welchem Sinne man dieses Spezifikum des Gemeinwohlbegriffs gem. Art. 14 Abs. 3 GG zu verstehen hat. Hierzu heißt es in einer Entscheidung des *Badischen Staatsgerichtshofes* wie folgt:

---

[35] *BGHZ* 23, 157 (162 ff.); 45, 150 (155).
[36] *BVerfGE* 24, 367 (404 ff.).
[37] Vgl. *Hans Schulte*, Eigentum und öffentliches Interesse, 1970, S. 85; *Kimminich*, in: Bonner Kommentar, Art. 14 Rdnr. 272 ff.; beide mit weiteren Nachweisen.

III. Verletzung von Grundrechten

„Das Allgemeinwohl ist nicht jedes „öffentliche Interesse", das nach den Nützlichkeits- und Zweckmäßigkeitserwägungen staatlicher Stellen zur Wahrnehmung staatlicher und sonstiger öffentlicher Belange bestimmt wird, es hat nicht allein die öffentliche Wohlfahrt und die Macht des Staates zum Inhalt, sondern auch die Wahrung der Gerechtigkeit und des inneren Friedens. Der schwerwiegende Eingriff der Enteignung ... ist daher zum Wohl der Allgemeinheit nur dann gerechtfertigt, wenn er einen *unzweifelhaft erheblichen Nutzen für das gesamte Volk* bringt, *keinesfalls darf die Enteignung zum Vorteil bloßer Privatinteressen, zur Bereicherung des Staates als Fiskus oder zur finanziellen Besserstellung anderer öffentlicher Körperschaften, z. B. einzelner Gemeinden,* erfolgen ... Die bloße Vermehrung des öffentlichen Vermögens stellt noch keine Förderung des Allgemeinwohls im Sinne des Enteignungsrechts dar, auch wenn durch die Stärkung der Staats- und Gemeindefinanzen die Erfüllung öffentlicher Aufgaben gefördert oder die Steuerlast erleichtert werden kann. Die dem Gemeinwohl dienende Enteignung muß mehr sein als eine Vermögenstransaktion zum Vorteil der öffentlichen Hand ... Die Enteignung muß ein über die Bereicherung der öffentlichen Hand hinausgehendes selbständiges Ziel verfolgen[38]."

Ganz auf dieser Linie liegt auch eine neuere Entscheidung des *Bundesverfassungsgerichts*, in der es wie folgt heißt:

„Nach Art. 14 Abs. 3 Satz 1 GG ist eine Enteignung *nur* zum Wohle der Allgemeinheit zulässig. Mit dieser Vorschrift knüpft die Verfassung an den seit der Entstehung der Enteignung als Verfassungsinstitut unangefochtenen Rechtssatz an, daß die Enteignung kein Instrument zur Vermehrung des Staatsvermögens ist und Enteignungen aus fiskalischen Gründen unzulässig sind, auch wenn hierdurch eine finanzielle Entlastung in anderen Bereichen eintritt ... Von der Funktion der Enteignung her muß der Eingriff in das Eigentum mit dem erklärten Ziel erfolgen, das Objekt für eine konkrete, dem Wohl der Allgemeinheit dienende Aufgabe bereitzustellen. Darüber hinaus muß eine Notwendigkeit für den Eigentumserwerb vorliegen. Nur wenn es *zur Erfüllung der öffentlichen Aufgabe unumgänglich erforderlich* ist, das Eigentum in die Hand des Staates zu bringen, ist auch die Eigentumszuweisung an die öffentliche Hand vom Gemeinwohl getragen[39]."

Die vorstehenden Hinweise dürften hinreichend deutlich gemacht haben, daß das Gemeinwohl, welches eine Enteignung rechtfertigen soll, nach Gewicht und Dringlichkeit qualifiziert sein muß. An diesen Maßstäben müßte sich auch ein Gesetz messen lassen, welches ein (striktes) Regionalprinzip für die Frankfurter Sparkasse von 1822 einführen würde.

Fragt man nun nach Gründen des Gemeinwohls, die eine gesetzliche Festlegung des Regionalprinzips für Freie Sparkassen motivieren könnten, so gibt es ersichtlich nur einen einzigen Grund: nämlich der Konkurrenzschutz zugunsten der kommunalen Sparkassen[40].

---

[38] VerwRspr. Bd. 2 Nr. 96 (Hervorhebungen von mir).
[39] BVerfGE 38, 175 (180) (Hervorhebungen von mir).
[40] Vgl. auch *Gebhard Müller*, Darf die Landesregierung den Geschäftsbereich der Württembergischen Landessparkasse auf das Gebiet des ehemaligen Landes Württtemberg beschränken usw., 1973, S. 31 f.; *Schmitt-Wellbrock*, Zur

Fest steht aber, daß der Konkurrenzschutz lediglich zugunsten *kommunaler* Sparkassen weder legitim noch hinreichend gewichtig ist, um den Qualifikationen des Gemeinwohls im Sinne des Enteignungsrechts zu entsprechen.

Erstens ist das legislative Motiv des Konkurrenzschutzes der kommunalen Sparkassen nicht legitim, weil es von einer grundlegend falschen Zuordnung zwischen kommunalen und Freien Sparkassen ausgeht. „Kommunale Sparkassen sind nach geltendem Recht weder um ihrer selbst willen noch zu Zwecken der Gewinnerzielung noch als „Hausbank" ihrer Muttergemeinwesen errichtet; sie nehmen vielmehr ihnen vom Staat durch Gesetz übertragene Aufgaben wahr, die auch von staatsunabhängigen Kreditinstituten wahrgenommen werden. Mit diesen befinden sie sich allenfalls tatsächlich, aber nicht rechtlich in einer Konkurrenzsituation. Solange die staatsunabhängigen Kreditinstitute diese Aufgabe zureichend erfüllen, ist es im Grunde überflüssig, daß auch die mittelbare Staatsverwaltung eigene Anstalten zur Wahrnehmung dieser Aufgaben unterhält[41]." Gewiß ist damit keineswegs den kommunalen Sparkassen das Recht bestritten, sich neben dem bereits vorhandenen Kreditgewerbe zu etablieren. Wenn sie dies tun, ist jedoch die unabdingbare Folge die, daß sie sich stets in einem wirtschaftlichen Wettbewerb mit staatsunabhängigen Kreditinstituten befinden. Dieser Wettbewerb kann nicht kurzerhand dadurch beendet oder zugunsten der kommunalen Sparkassen gemildert werden, daß den staatsunabhängigen Kreditinstituten Geschäftsbeschränkungen auferlegt werden. In diesem Zusammenhang sei erneut auf die bereits mitgeteilte Entscheidung des *Badischen Staatsgerichtshofes* hingewiesen, aus der sich unzweideutig ergibt, daß eine Enteignung jedenfalls dann nicht dem Gemeinwohlerfordernis entspricht, wenn sie lediglich dazu gedacht oder geeignet ist, die öffentliche Hand, z. B. einzelne Gemeinden, finanziell besserzustellen[42].

Wo private und öffentlich-rechtliche Kreditinstitute nebeneinander existieren, ist ein Wettbewerb stets unvermeidlich. Diesen Wettbewerb durch eine Privilegierung der öffentlichen Hand zu Lasten der privaten Kreditinstitute auszuschließen, würde grundsätzlich der marktwirtschaftlichen Ordnung im Kreditgewerbe widersprechen und wäre deshalb illegitim.

Zweitens ist aber auch nicht ersichtlich, daß ein restriktiv verstandenes Regionalprinzip für die Frankfurter Sparkasse von 1822, welches

---

Rechtsstellung der freien Sparkassen als freigemeinwirtschaftliche Unternehmen usw., Diss. Frankfurt 1978, S. 350.

[41] *Gebhard Müller*, Darf der Landesgesetzgeber den Geschäftsbereich der Württembergischen Landessparkasse auf das Gebiet des ehemaligen Landes Württemberg beschränken usw., Stuttgart 1973, S. 32.

[42] Vgl. auch *Gebhard Müller*, wie vorige FN.

III. Verletzung von Grundrechten

sich als Enteignung auswirken würde, mit Gemeinwohlgründen motiviert werden könnte, denen nach Gewicht und Qualität *der* Rang zukommt, den Art. 14 Abs. 3 Satz 1 GG nach allgemeiner Auffassung voraussetzt. Geringfügige Geschäftseinbußen kommunaler Sparkassen reichen sicher nicht aus. Auch gravierendere „Unterbilanzen", für die überdies der Gewährträger einzustehen hätte, vermögen eine Enteignung als Gegenmittel nicht zu rechtfertigen, denn die Enteignung muß ultima ratio bleiben[43]. „Arbeitet eine kommunale Sparkasse unwirtschaftlich, so erweist sich, daß entweder ihre Geschäftsleitung nicht geeignet oder ihr gebietlicher bzw. wirtschaftlicher Zuschnitt nicht ausreichend bemessen ist, um den wirtschaftlichen Konkurrenzkampf mit den staatsunabhängigen Kreditinstituten zu bestehen. Es tritt dann lediglich ein Mangel im Bereich der mittelbaren Staatsorganisation zutage, dem mit entsprechenden Organisationsmaßnahmen, notfalls im Wege der gesetzlichen Regelung, zu begegnen ist. Es sollte eigentlich auf der Hand liegen, daß statt dessen nicht einfach vorbeugend die staatsunabhängige „Konkurrenz" durch Gesetz ausgeschaltet werden darf[44]."

Erst wenn die kommunalen Sparkassen in ihrer Aufgabenerfüllung so beeinträchtigt werden, daß eine gesetzliche Schutzmaßnahme „unumgänglich" ist[45], *und* die Sparkassenaufgaben auch nicht von privaten Kreditinstituten hinreichend wahrgenommen werden, liegt eine Situation vor, die eine Enteignung gemäß Art. 14 Abs. 3 Satz 1 GG als zulässig erscheinen läßt.

Schließlich kommt eine weitere Überlegung hinzu. Die Enteignung steht — gleichgültig ob sie durch Gesetz oder Verwaltungsakt erfolgt — unter dem rechtsstaatlichen Gebot der Verhältnismäßigkeit des Mittels[46].

Dies bedeutet, daß eine Enteignung zum Wohle der Allgemeinheit nur zulässig ist, wenn das eingesetzte Mittel *geeignet und erforderlich* ist, um das angestrebte Ziel zu erreichen. Die gesetzliche Statuierung des strikten Regionalprinzips ist aber als solche schon *ungeeignet*, um das als Gemeinwohl in Betracht kommende gesetzgeberische Ziel, nämlich Schutz der kommunalen Sparkassen vor Konkurrenz, zu erreichen. Eine räumliche Geschäftsbeschränkung durch Statuierung des Regionalprinzips, die nur die Frankfurter Sparkasse trifft, würde die bereits bestehende Konkurrenzsituation zwischen den kommunalen Sparkassen und den privaten Banken vollkommen unberührt lassen. Der Wegfall eines einzelnen Wettbewerbers im Kreditgewerbe kann nun freilich je

---

[43] So ausdrücklich *BVerfGE* 24, 367 (405).
[44] *Gebhard Müller* (FN 41), S. 32 f.
[45] So die Formulierung in *BVerfGE* 38, 175 (180).
[46] *BVerfGE* 24, 367 (404); *Kimminich*, in: Bonner Kommentar, Art. 14 Rdnr. 277 ff.

nach der Struktur des örtlichen Bankenwesens eine gewisse Entlastung der kommunalen Sparkassen bedeuten. Man wird diese Aussage jedoch keinesfalls generell treffen können. Eine generelle Aussage dieses Inhalts müßte aber möglich und prognostisch gesichert sein, weil die gesetzliche Einführung des Regionalprinzips schon wegen der gegebenen Kompetenzrechtslage nur durch Bundesgesetz, d. h. also bundesweit, zulässig wäre. — Die Eignung des Regionalprinzips kann auch nicht damit überzeugend begründet werden, daß die kommunalen Sparkassen speziell mit den Freien Sparkassen deshalb in einem *besonderen* Wettbewerb stünden, weil nur sie bei der Erfüllung des Sparkassenauftrages als Konkurrenten einander gegenüberstünden. Eine solche Sicht der Dinge geht an den Realitäten der Kreditwirtschaft weit vorbei. Zum einen ist hiergegen zu betonen, daß das, was materiell den Sparkassenauftrag ausmacht (Sparförderung, Betreuung auch des Kleinsparers, Versorgung des örtlichen Gewerbes mit Krediten usw.), keineswegs nur von jenen Kreditinstituten erfüllt wird, die den Namen „Sparkassen" tragen, sondern daß sich auch die übrigen privaten Banken auf dem umrissenen Kreditsektor betätigen und mit den kommunalen Sparkassen in gleichem Maße in Konkurrenz stehen wie die Freien Sparkassen. Zum andern sind aber auch die Sparkassen keineswegs auf ihrem ursprünglichen Stand des Sparkassenmandates stehengeblieben. Vielmehr haben sie sich weit über ihren öffentlichen Auftrag hinaus ausgedehnt und im Laufe der Zeit ihre Kreditgeschäfte so erweitert, daß sie heute nach ihrem tatsächlichen Erscheinungsbild — ungeachtet des fortbestehenden öffentlichen Sparkassenauftrages und der Anbindung an die Gemeinden — keine Unterschiede zu den Privatbanken aufweisen. Gerade diese Entwicklung hat in der Gegenwart dazu geführt, daß nicht nur die Wettbewerbslage im Kreditgewerbe, namentlich zwischen den kommunalen Sparkassen und dem privaten Kreditgewerbe bereinigt wird[47], sondern auch Stimmen vernehmbar sind, die im öffentlich-rechtlichen Bereich aus der veränderten tatsächlichen Situation rechtliche Einordnungskonsequenzen ziehen wollen[48].

Es liegt ganz auf dieser Linie, wenn beispielsweise die offizielle staatliche Sparkassenpolitik im Lande Nordrhein-Westfalen dahin tendiert, bei der im Anschluß an die kommunale Gebietsreform notwendigen Neuordnung des Sparkassenwesens zu übergemeindlichen Zweckverbandssparkassen größeren Zuschnitts zu kommen.

Wer bei solcher Entwicklung und Situation mit dem Argument des Schutzes der kommunalen Sparkassen vor der Konkurrenz der Freien

---

[47] Vgl. Bericht der Bundesregierung über die Untersuchung der Wettbewerbsverschiebungen im Kreditgewerbe und über eine Einlagensicherung, Bundestagsdrucksache V/3500.
[48] Vgl. z. B. *Peter Weides*, Sparkassen und kommunale Gebietsänderungen, in: Städte- und Gemeinderat 1978, S. 1 ff.

Sparkassen eine räumliche Geschäftsbeschränkung der Freien Sparkassen durch gesetzliche Statuierung des Regionalprinzips fordern wollte, würde sich deshalb dem Vorwurf des Anachronismus ausgesetzt sehen müssen. Es ist jedenfalls bei dem derzeitigen Stand der Entwicklung nicht plausibel, daß die voll im Konkurrenzkampf des Kreditgewerbes stehenden kommunalen Sparkassen von einer — noch erst nachzuweisenden — Schwäche zur Aufgabenerfüllung genesen könnten, wenn den Freien Sparkassen das Regionalprinzip aufgezwungen würde. Deshalb ist nicht ersichtlich, wie man die Eignung dieses Mittels zur Erreichung des angestrebten Zwecks begründen könnte.

d) Zwischenergebnis

Als Zwischenergebnis ist demnach festzuhalten, daß sich die gesetzliche Statuierung des Regionalprinzips für die Freien Sparkassen, die bereits außerhalb des Gebietes ihres Hauptsitzes Zweigstellen unterhalten, als Enteignung darstellt. Eine solche Enteignung ist nur zulässig, wenn sie dem Wohle der Allgemeinheit dient (Art. 14 Abs. 3 Satz 1 GG). Als Gemeinwohl, welches die gesetzliche Festlegung des Regionalprinzips für die Freien Sparkassen motivieren könnte, ist nur der Schutz der kommunalen Sparkassen vor Konkurrenz ersichtlich. Ein solches Motiv ist jedoch weder legitim noch gewichtig genug, um eine Enteignung zu rechtfertigen. Überdies ist das Regionalprinzip ungeeignet, die kommunalen Sparkassen vor der in der Kreditwirtschaft bestehenden Konkurrenzsituation zu bewahren.

e) Entschädigung

Da bereits der Bestandsschutz des Art. 14 GG durchgreift und infolgedessen eine gesetzliche Einführung eines strikten Regionalprinzips am Enteignungsschutz scheitern würde, kommt es auf das Entschädigungsproblem nicht mehr an. Es würde erst dann Relevanz gewinnen, wenn man die vorstehenden Ableitungen in ihrem Ergebnis nicht teilen und ein Enteignungsgesetz für zulässig erachten würde. In diesem Falle müßte der Gesetzgeber gleichzeitig eine Regelung über die an die betroffenen Freien Sparkassen zu zahlende Entschädigung treffen, die ihnen gemäß Art. 14 Abs. 3 GG dafür zusteht, daß ihr eingerichteter und ausgeübter Gewerbebetrieb geschmälert wird.

3. Verstoß gegen Art. 12 GG

a) Das Entscheidungsschema des Bundesverfassungsgerichts — Skizzierung der sog. Dreistufentheorie

Wie jedes andere Grundrecht ist auch Art. 12 Abs. 1 GG in hohem Grade auslegungs- und konkretisierungsbedürftig. Diese Auslegungs-

und Konkretisierungsarbeit ist namentlich in einer langen Reihe einschlägiger Entscheidungen des *Bundesverfassungsgerichts* geleistet worden. Am Anfang stand das Apotheken-Urteil aus dem Jahre 1958, in dem das Gericht die Grundlinien der sog. Dreistufentheorie entwickelt hat[49].

Die Dreistufentheorie stellt „eine schöpferische Vervollständigung der Verfassungsaussagen" dar[50], die in den letzten zwanzig Jahren an reichem Beispielmaterial ausgeformt und in mancher Hinsicht modifiziert worden ist. Trotz beträchtlicher Kritik, die das Gericht von seiten des Schrifttums erfahren mußte, hat sich die Dreistufentheorie als Auslegungs- und Anwendungsschema als durchaus praktikabel erwiesen, ungeachtet bestehender dogmatischer Schwächen im Detail. Die Beurteilung eines gegenwärtigen Konfliktsfalles unter dem Aspekt der Berufs- und Gewerbefreiheit hat deshalb vom Boden der Dreistufentheorie auszugehen.

Nach dem Text des Art. 12 Abs. 1 GG kann die Berufs*ausübung* durch Gesetz oder aufgrund eines Gesetzes geregelt werden, während die Berufs*wahl* einem entsprechenden Gesetzesvorbehalt nicht unterliegt, also schrankenlos gewährt zu sein scheint. Die interpretatorische Leistung der Dreistufentheorie besteht darin, die im Verfassungstext angelegte Zweiteilung des Grundrechts der Berufsfreiheit in Berufs*wahl* und Berufs*ausübung* relativiert und ein System gestufter Beschränkungsmöglichkeiten durch den Gesetzgeber geschaffen zu haben, das — wenigstens über weite Strecken — eine nachvollziehbare Grundrechtsprüfung ermöglicht. Eine solche Prüfung stellt sich in einer groben Skizze wie folgt dar.

Gesetzliche Beschränkungen und Eingriffe in das einheitliche Grundrecht der Berufs- und Gewerbefreiheit können auf drei unterschiedlichen Ebenen ansetzen:

Erstens können Gesetze die Berufs*ausübung* regeln. *Zweitens* können Gesetze durch *subjektive* Zulassungsvoraussetzungen den Weg in einen Beruf, also die Berufswahl, erschweren. *Drittens* kann die Berufswahl durch *objektive* Zulassungsvoraussetzungen, die außerhalb der Person des Bewerbers liegen und auf die er keinen Einfluß hat, versperrt sein (z. B. numerus clausus).

Es ist leicht ersichtlich, daß sich der gesetzliche Eingriff in die Berufsfreiheit mit jeder Stufe verschärft. Dementsprechend stellt das *Bundesverfassungsgericht* auf jeder Stufe an die jeweils zu prüfende gesetzliche Eingriffsregelung besondere Legitimationsanforderungen, die von der ersten bis zur dritten Stufe ebenfalls an Intensität zunehmen. Rege-

---

[49] *BVerfGE*, 7, 377.
[50] *Maunz* bei Maunz/Dürig/Herzog/Scholz Art. 12 Rdnr. 34.

III. Verletzung von Grundrechten

lungen der Berufs*ausübung* (erste Stufe), die ohnehin schon im Wortlaut des Grundgesetztextes vorgesehen sind, sind danach zulässig, wenn *vernünftige Erwägungen des Gemeinwohls* solche Beschränkungen zweckmäßig und gerechtfertigt erscheinen lassen. Regelungen der Berufs*wahl* durch die gesetzliche Statuierung *subjektiver* Zulassungsvoraussetzungen (z. B. Fachkunde, Examen usw.) (zweite Stufe) sind nur zulässig, soweit dies *zum Schutz besonders wichtiger Gemeinschaftsgüter* zwingend erforderlich ist. Schließlich sind Regelungen der Berufs*wahl* durch die Festlegung *objektiver* Zulassungsvoraussetzungen (dritte Stufe) verfassungsrechtlich nur dann unbedenklich, wenn sie erforderlich sind zur *Abwehr nachweisbarer oder höchstwahrscheinlicher schwerer Gefahren für ein überragend wichtiges Gemeinschaftsgut.*

Die Anwendung der soeben skizzierten Dreistufentheorie durch das *Bundesverfassungsgericht* hat im Laufe der letzten Jahrzehnte manche Modifikation erfahren, die hier beiseite bleiben muß. Auf einzelne Aspekte ist an späterer Stelle zurückzukommen. Festzuhalten bleibt abschließend jedoch noch, daß die Anwendung der Dreistufentheorie insgesamt unter der moderierenden Kraft des Grundsatzes der Verhältnismäßigkeit steht, der nicht nur auf jeder einzelnen Stufe zur Anwendung gelangt, sondern überdies auch Direktiven zu der Frage enthält, auf welcher Stufe der Gesetzgeber mit seinen Eingriffen und Beschränkungen ansetzen darf.

Die folgenden Ausführungen werden das skizzierte Anwendungsschema zu Art. 12 Abs. 1 GG auf die hier gestellte Konfliktslage projizieren. Dabei geht es in einer ersten Überlegung um die Stufenqualifikation, das heißt um die Frage, ob die gesetzliche Statuierung des Regionalprinzips für die Freien Sparkassen auf der Stufe eins, zwei oder drei anzusiedeln ist. Diese Einordnung ist gravierend, weil sie ihrerseits wiederum die Intensität der verfassungsrechtlichen Legitimationsanforderungen an die Eingriffsmaßnahme des Gesetzgebers bestimmt.

b) Das Regionalprinzip als Beschränkung der Berufswahl

Die Stufenqualifikation hängt davon ab, welche Auswirkungen die beabsichtigte gesetzliche Maßnahme auf das Grundrecht der Berufsfreiheit hat. Dabei kommt es nicht nur auf die Betroffenheit der bereits in dem jeweiligen Beruf Tätigen, sondern selbstredend auch auf den newcomer an.

Eine Statuierung des Regionalprinzips für die Freien Sparkassen würde praktisch bedeuten, daß eine Geschäftstätigkeit nicht über das Stadtgebiet des Hauptsitzes der jeweiligen Sparkasse hinaus ausgedehnt werden dürfte. Ob solche räumlichen Geschäftsbeschränkungen als Regelungen der Berufsausübung oder der Berufswahl zu qualifizieren sind, mag auf den ersten Blick nicht problematisch erscheinen. Da das Regionalprinzip in dem mitgeteilten Sinne nur eine Geschäftserweiterung, nicht aber eine Neugründung von Freien Sparkassen ausschließt, also prima facie nicht den Zugang zum Beruf versperrt, liegt die Annahme nahe, daß eine bloße Berufsausübungsregelung vorliegt[51].

Sieht man indessen näher zu, so liegen die Dinge allerdings komplizierter. Der Zugang zum Beruf, anders gesagt: die Berufswahl, kann nämlich auch dadurch beschnitten werden, daß der Zugang gleichsam nur zum „halben Beruf", nicht aber zum ganzen Beruf gewährt wird. Mit anderen Worten: es kommt entscheidend auf die Frage an, welche Tätigkeiten in ihrer Gesamtheit den Beruf, der von dem einzelnen Grundrechtsberechtigten gewählt wird, ausmachen und substantiieren. Damit ist ein grundlegender, aber problematischer Punkt der Berufsfreiheit angesprochen, der in der Rechtsprechung des *Bundesverfassungsgerichts* unter dem topos des „Berufsbildes" entscheidungserhebliche Relevanz gewinnen kann[52]. Versteht man unter dem „Berufsbild" die „Gesamtvorstellung über den Inhalt und die Grenzen der für den Beruf charakteristischen Tätigkeit und die fachlichen, persönlichen, ggf. auch die finanziellen Gegebenheiten, die mit ihr verbunden sind"[53], so ist leicht ersichtlich, daß die Vorenthaltung von wesentlichen Elementen und Bestandteilen dieses Berufsbildes die Ergreifung des Berufs schlechthin und damit auch die Berufs*wahl* betrifft und *nicht nur* die Berufs*ausübung*[54].

Hierfür hat das *Bundesverfassungsgericht* in seiner einschlägigen Rechtsprechung selbst das praktische Anschauungsmaterial geliefert. So hatte das Gericht beispielsweise eine Regelung zu prüfen, die einen Lebensmittelhändler daran hinderte, sein Warensortiment um lose (unverpackte) Milch zu erweitern: es stufte diese Regelung als Berufs*wahl* ein, weil der Handel mit loser Milch einen *besonderen Beruf* darstelle und nicht nur die Erweiterung des Warensortimentes[55]. Eine

---

[51] Hiervon geht ohne nähere Prüfung aus *Gebhard Müller*, Darf der Landesgesetzgeber den Geschäftsbereich der Württembergischen Landessparkasse auf das Gebiet des ehemaligen Landes Württemberg beschränken usw., 1973, S. 30 ff.; anders hingegen *Bull* JR 1975, 394 und *Schmitt-Wellbrock*, Zur Rechtsstellung der freien Sparkassen als freigemeinwirtschaftliche Unternehmen unter besonderer Berücksichtigung der Frage nach der Geltung des Regionalprinzips, Diss. Frankfurt a. M. 1978, S. 348.

[52] Vgl. zur Berufsbildlehre: *Maunz* bei Maunz/Dürig/Herzog/Scholz, Art. 12 Rdnr. 24; *Herbert Bethge*, Der verfassungsrechtliche Standort der „staatlich gebundenen" Berufe, Diss. Köln 1968, S. 189 ff.; *Hans Albrecht Hesse*, Der Einzelne und sein Beruf: Die Auslegung des Art. 12 Abs. 1 GG durch das Bundesverfassungsgericht aus soziologischer Sicht, AöR 95 (1970), S. 449 ff. (459 ff.).

[53] So *Maunz* bei Maunz/Dürig/Herzog/Scholz, Art. 12 Rdnr. 24.

[54] Vgl. *BVerfGE* 21, 173 (179 f.).

[55] *BVerfGE* 9, 39.

III. Verletzung von Grundrechten

andere Regelung hingegen, die einen Drogisten daran hinderte, sein Sortiment um Spalt- und Kopfschmerztabletten zu erweitern, sah es als Regelung der Berufs*ausübung* an[56].

Die vorgenannten gegensätzlich entschiedenen Sachverhalte der Erweiterung des Warensortiments zeigen einerseits die Problematik der Figur des Berufsbildes, aber andererseits auch ihre entscheidungspräjudizierende Bedeutung. Ungeachtet aller Schwierigkeiten, die mit der Fixierung und Konkretisierung eines Berufsbildes verbunden sind, kann auf diese Denkfigur im Kontext der Dreistufentheorie nicht verzichtet werden. Hinzu kommt, daß das Berufsbild, auch wenn es bis heute ein nicht voll bewältigtes Element der Grundrechtsauslegung und -anwendung darstellt, doch zum festen Bestandteil der Dreistufentheorie des *Bundesverfassungsgerichts* gehört.

Bezogen auf die hier in Rede stehende Sachlage wäre unter dem Gesichtspunkt des Berufsbildes also zu fragen, ob die Errichtung von Zweigstellen an verschiedenen Orten zum Berufsbild der Sparkassen, speziell der Freien Sparkassen gehört oder nicht. Sollte diese Frage zu bejahen sein, so läge in der Beschränkung einer solchen Zweigstellenerrichtung nicht nur eine Berufsausübungsregelung, sondern vielmehr eine Beschneidung der grundrechtlich geschützten Substanz der Berufsfreiheit, eine „partielle Aussperrung" aus dem Beruf, eine Gewährung nur des „halben Berufs", die als solche hinsichtlich der nicht gewährten anderen Hälfte unmittelbar als Eingriff in die Berufs*wahl* in Erscheinung tritt.

Bemerkenswert ist in diesem Zusammenhang, daß das *OVG Lüneburg* bezogen auf die Anwendung des Art. 12 Abs. 1 GG im Rahmen der Errichtung von Zweigstellen durch Sparkassen die Auffassung vertritt, daß das Grundrecht der Berufsfreiheit nicht die Garantie enthalte, daß ein Grundrechtsträger „ungehindert an jedem beliebigen Ort Zweigstellen errichten dürfe"[57]. Diese Auffassung ist abwegig. Die vom *OVG Lüneburg* zitierte Entscheidung des *Bundesverwaltungsgerichts* bildet für die angeführte Auffassung keinen Beleg, denn in der Entscheidung des *Bundesverwaltungsgerichts* stand das Grundrecht der Berufsfreiheit gar nicht zur Debatte. Es wird mit keinem Wort erwähnt. Auch wird auf Art. 12 Abs. 1 GG an keiner Stelle Bezug genommen[58]. Im Gegenteil hat das *Bundesverwaltungsgericht* an anderer Stelle — überdies speziell für ein Kreditinstitut — ausdrücklich erklärt, daß die „verfassungsmäßige Garantie der freien Berufswahl auch das Recht umfaßt, sich an mehreren Orten zu betätigen und dementspre-

---

[56] *BVerfGE* 9, 73.
[57] *OVG Lüneburg* OVGE 28, 473 (481).
[58] Vgl. *BVerwGE* 39, 235 ff.

chend auch Zweigniederlassungen an dritten Plätzen zu errichten"[59]. Auch die vom *OVG Lüneburg* angeführte Entscheidung des *Bundesverfassungsgerichts* zum Verbot des Betriebes mehrerer Apotheken durch ein und denselben Inhaber[60] vermag seine Auffassung ebenfalls nicht zu stützen. Im Gegenteil stellt gerade diese Entscheidung einen überzeugenden Beleg für die Richtigkeit der Auffassung des Bundesverwaltungsgerichts dar. Dies ergibt sich unmittelbar aus dem Zusammenhang der Entscheidungsgründe, die ihrerseits erneut die Relevanz des Berufsbildes für die Entscheidungsfindung dokumentieren. In dem hier interessierenden Urteil des *Bundesverfassungsgerichts* ging es um die Frage, ob ein Apotheker *mehrere* Apotheken gleichzeitig betreiben, also — auf die hier zu beurteilende Sachlage gemünzt — „Zweigstellen" errichten darf. Die Antwort hat das *Bundesverfassungsgericht* in dem Berufsbild des Apothekers verankert gefunden. Dazu heißt es: „Danach ist das Leitbild des Gesetzgebers der ‚Apotheker in seiner Apotheke'. Aus dieser Grundanschauung hat er dem selbständigen Apotheker die Verpflichtung zur persönlichen Leitung der Apotheke in eigener Verantwortung auferlegt und ihn auf den Betrieb nur *einer* Apotheke beschränkt."

Aus diesem Leitbild wird dann wenige Sätze später die Folgerung gezogen:

„Ein Eingriff in die Freiheit der Berufswahl liegt nicht vor. Der Apotheker, der eine zweite Apotheke betreiben will, hat die Wahl des Berufes des selbständigen Apothekers bereits durch Gründung und Betrieb der ersten Apotheke vollzogen[61]."

Der „Apotheker in der Apotheke" ist aber eine Singularität des Apothekenrechts und nur mit den in dieser Branche vorgegebenen Bedingungen erklärbar und zu rechtfertigen. Sie gilt deshalb selbstverständlich nicht für den übrigen Handel und auch nicht für das Kreditgewerbe.

Weder der Handel noch das Kreditgewerbe sind als berufliche Betätigung durch eine individuelle Leistung möglich, die auch an abgeschiedener Stelle erbracht werden könnte. Vielmehr ist das Kreditgewerbe auf einen umfangreichen Kundenstamm und damit auf einen größeren Raum angewiesen. Räumliche Begrenzungen bedeuten immer zugleich Beschränkungen des Kundenstamms. Ein ausgedehntes Filialnetz gehört aber schon von der Natur des Kreditgeschäfts her zum üblichen Erscheinungsbild der Kreditinstitute. Denn nur mit Hilfe eines solchen Filialnetzes können sie überhaupt den Kunden erreichen und bedienen. Die

---

[59] Vgl. *BVerwGE* 8, 14 (20); unter Hinweis auf 5, 286 (291).
[60] *BVerfGE* 17, 232 (240 f.).
[61] *BVerfGE* 17, 232 (240 f.).

Errichtung von Zweigstellen ist deshalb unzweifelhaft wesentlicher Bestandteil der Berufsfreiheit des Kreditgewerbes. Es entspricht überdies dem überkommenen Wirklichkeitsbild des Kreditgewerbes schlechthin, daß Kreditinstitute durchweg aus einem Hauptsitz und den dazugehörigen Nebenstellen gehören. Davon gehen auch die Sparkassengesetze für die öffentlich-rechtlichen Sparkassen aus. Daß die Ausdehnung des Filialnetzes für die kommunalen Sparkassen Grenzen im Gesetz findet, hat öffentlich-rechtliche Kompetenzgründe, die an früherer Stelle schon mehrfach dargelegt worden sind.

Nach dem Vorgesagten kann also als Resümee festgehalten werden, daß das Regionalprinzip eine wesentliche Beschneidung des Rechts der Freien Sparkassen darstellen würde, Zweigstellen auch an anderen Orten zu errichten. Da dieses Recht zur Errichtung von Zweigstellen an anderen Orten zum Kernbestand der Berufsfreiheit des Kreditgewerbes gehört, ist ein Eingriff in diesen Rechtsbestand eine Substanzminderung für das Berufsbild des Kreditgewerbes und damit eine Regelung der Berufswahl[62].

c) Das Regionalprinzip als objektive Zulassungsbeschränkung

Steht nach den bisherigen Untersuchungen fest, daß sich das Regionalprinzip als ein Eingriff in die Berufswahl darstellt, so bedarf des weiteren der Klärung, ob die mit dem Regionalprinzip verbundene räumliche Beschränkung des Wirkungskreises als subjektive oder objektive Zulassungsbeschränkung zu qualifizieren ist. Subjektive Zulassungsbeschränkungen sind nur solche, die im Einfluß- oder Ursachenbereich des Berufsbewerbers liegen, während als objektive Zulassungsbeschränkungen Zugangssperren qualifiziert werden, die weder in der Person des Berufsbewerbers ihre Ursache haben noch von ihm in irgendeiner Weise beeinflußt werden können. Danach kann kein Zweifel bestehen, daß die Statuierung des Regionalprinzips für die Freien Sparkassen als objektive Zulassungsvoraussetzung deren Berufswahl beeinträchtigt.

d) Folgerungen

Ein Gesetz, welches das Regionalprinzip festlegen wollte, müßte nach dem Schema der Dreistufentheorie erforderlich sein zur Abwehr nachweisbarer oder höchstwahrscheinlicher schwerer Gefahren für ein überragend wichtiges Gemeinschaftsgut.

Wie schon an früherer Stelle dargelegt sind diese strengen Voraussetzungen an Eingriffe in die Berufswahl unter keinen denkbaren Ge-

---

[62] Ebenso *Bull* JR 1975, 394; *Schmitt-Wellbrock*, Zur Rechtsstellung der freien Sparkassen als freigemeinwirtschaftliche Unternehmen unter besonderer Berücksichtigung der Frage nach der Geltung des Regionalprinzips, Diss. Frankfurt 1978, S. 348.

sichtspunkten für die Statuierung eines Regionalprinzips zu Lasten der Freien Sparkassen zu begründen. Daraus folgt, daß die gesetzliche Festlegung eines Regionalprinzips zu Lasten der Freien Sparkassen gegen Art. 12 Abs. 1 GG verstößt und daher verfassungswidrig ist.

e) Hilfserwägung: das Regionalprinzip als Regelung der Berufsausübung

Das vorstehende Ergebnis bliebe gleich, wenn man entgegen den oben dargestellten Argumentationen die Statuierung des Regionalprinzips nicht als Eingriff auf der Stufe der Berufs*wahl*, sondern vielmehr lediglich als eine Regelung der Berufs*ausübung* qualifizieren würde. Zwar sind die Legitimationsanforderungen für ein berufsregelndes Gesetz ungleich schwächer als für ein Gesetz, welches objektive Zulassungsvoraussetzungen für die Berufswahl normiert. Indessen ist zu beachten, daß die Dreistufentheorie seit dem sog. Kassenarzt-Urteil praktisch zu einer Art Vierstufentheorie fortentwickelt worden ist, indem das *Bundesverfassungsgericht* nunmehr auch bei den Anforderungen im Bereich der Berufsausübungsregelungen (erste Stufe) differenziert[63]. Diese Fortentwicklung beruht auf der Überlegung, daß eine scharfe Abgrenzung zwischen Wahl und Ausübung des Berufs nicht immer möglich ist und Regelungen der Berufsausübung in ihren tatsächlichen Auswirkungen in die Nähe von Zulassungsregelungen gelangen können. Mit einem so gelagerten Sachverhalt war das *Bundesverfassungsgericht* im sog. Kassenarzt-Urteil konfrontiert, in welchem es darum ging, ob frei praktizierende Ärzte als Kassenärzte zugelassen werden müssen oder nicht. Das *Bundesverfassungsgericht* qualifizierte die Regelung über die Kassenzulassung zwar als Regelung der Berufsausübung, führt dann aber weiter aus:

„Bei der verfassungsrechtlichen Prüfung dieser Regelung ist jedoch im Auge zu behalten, daß innerhalb solcher Ausübungsregelungen eine breite Skala von Möglichkeiten besteht, der eine größere oder geringere Gestaltungsfreiheit auf der Seite des Gesetzgebers entspricht. Zwar ist er *allgemein* im Bereich der Ausübungsregelung freier als bei den Zulassungsregelungen. Das grundsätzliche Gebot der Differenzierung (*BVerfGE* 7, 377 (403)) gilt aber auch innerhalb der Ausübungsregelungen; der Gesetzgeber ist inhaltlich um so freier, je mehr er nur die Berufsausübung trifft, um so stärker gebunden, je mehr zugleich die Berufswahl berührt ist."

Im konkreten Falle hat das Gericht deshalb die für Berufsausübungsregelungen im allgemeinen ausreichenden Legitimationsgründe der „vernünftigen Gründe des Gemeinwohls" höher geschraubt und „besonders wichtige Interessen der Allgemeinheit" gefordert[64]. Es bedarf nach

---
[63] Vgl. *BVerfGE* 11, 30 (43).

III. Verletzung von Grundrechten 111

den bisherigen Ausführungen keiner weiteren Erörterung, daß das Regionalprinzip auch diesen Legitimationsanforderungen nicht genügen würde.

f) Mißachtung des Grundsatzes der Verhältnismäßigkeit

Schließlich ist zu bemerken, daß bei Eingriffen in die Berufsfreiheit ebenso wie bei Eingriffen in das Eigentum und in andere Grundrechtspositionen der Grundsatz der Verhältnismäßigkeit zu beachten ist[65]. Dies hat das *Bundesverfassungsgericht* in seiner Rechtsprechung zur Berufsfreiheit seit dem sog. Apotheker-Urteil durchgehend betont.

Gesetzliche Eingriffe in die Berufsfreiheit genügen diesem verfassungsrechtlichen Prinzip der Verhältnismäßigkeit nur dann, wenn die eingesetzten Mittel *geeignet* sind, das angestrebte gesetzgeberische Ziel zu erreichen. Schon diese Grundvoraussetzung muß im vorliegenden Falle verneint werden. Insoweit kann zunächst auf frühere Ausführungen Bezug genommen werden[66].

Diese Ausführungen bedürfen eines ergänzenden Gedankens. Das Regionalprinzip würde für die schon bestehenden Freien Sparkassen, die Zweigstellen außerhalb des Stadtgebietes ihres Hauptsitzes unterhalten, bedeuten, daß sie diese Zweigstellen aufgeben müßten. Des weiteren bedeutet das Regionalprinzip, daß sowohl die bestehenden Sparkassen als auch etwaige neu gegründete Institute in ihrem Geschäftsbereich auf das Gemeinwesen des Hauptsitzes beschränkt wären. Stellt das einzig ersichtliche Motiv für die gesetzliche Statuierung des Regionalprinzips der Konkurrenzschutz zugunsten der kommunalen Sparkassen dar, so kann hinsichtlich der bereits bestehenden Freien Sparkassen ein solcher Schutz nur wirksam werden für jene *kommunalen* Sparkassen, die außerhalb des Stadtgebietes des Hauptsitzes der Freien Sparkassen mit deren Zweigstellen in Konkurrenz stehen. Andererseits — und dies ist in diesem Zusammenhang ein wichtiger Zusatz — kann das Regionalprinzip nicht verhindern, daß in jenen Gemeinwesen, in denen bisher keine Freien Sparkassen existieren oder kraft Regionalprinzip vorhandene Zweigstellen Freier Sparkassen geschlossen werden müßten, entsprechende Neugründungen vorgenommen werden, die trotz des Regionalprinzips gleichsam in eine originäre Konkurrenz mit den dort bereits vorhandenen kommunalen Sparkassen treten. Daraus folgt unmittelbar, daß das Regionalprinzip wohl geeignet ist, eine Ausdehnung der vorhandenen Freien Sparkassen zu verhindern, daß es aber

---
[64] BVerfGE 11, 30 (45).
[65] Vgl. dazu *Eberhard Grabitz*, Der Grundsatz der Verhältnismäßigkeit in der Rechtsprechung des Bundesverfassungsgerichts, AöR 98 (1973), S. 568 ff.
[66] Vgl. oben III. 2. c).

kein geeignetes Mittel darstellt, das auch die Etablierung von neugegründeten Instituten verhindern kann.

Daraus wird erneut deutlich, daß es den kommunalen Sparkassen letztlich nur um den Wettbewerbsvorteil geht, der sich mit der Bezeichnung „Sparkasse" im Sinne des § 40 KWG verbindet. Die *materielle* Neugründung von Kreditinstituten, die wie kommunale Sparkassen tätig werden, könnten sie ohnehin nicht versperren.

g) Ergebnis

Als Ergebnis der Untersuchung zu Art. 12 GG kann somit folgendes festgehalten werden: Das Regionalprinzip würde sich für die Freien Sparkassen als ein Eingriff in das gemäß Art. 12 Abs. 1 Satz 1 GG verbürgte Grundrecht der Freiheit der Berufswahl darstellen, weil die Unterhaltung eines Zweigstellennetzes an anderen Plätzen zum Leitbild der Sparkassen gehört. Da das Regionalprinzip nach seinen Auswirkungen außerhalb des Einflußbereiches der Betroffenen liegt und damit als objektive Zulassungsvoraussetzung gewertet werden muß, ist seine gesetzliche Festlegung verfassungsrechtlich nur zulässig, wenn dies erforderlich ist zur Abwehr nachweisbarer oder höchstwahrscheinlicher schwerer Gefahren für ein überragendes Gemeinschaftsgut. Diese Voraussetzungen liegen aber ersichtlich nicht vor, so daß die gesetzliche Statuierung des Regionalprinzips verfassungswidrig wäre.

Selbst wenn man die gesetzliche Festlegung des Regionalprinzips (lediglich) als eine Regelung der Berufsausübung qualifizieren wollte, wären wegen der Nähe zur Berufswahl besonders wichtige Gründe des Gemeinwohls notwendig, um seine Normierung zu rechtfertigen.

Die Festlegung des Regionalprinzips für die Freien Sparkassen scheitert überdies daran, daß es nicht geeignet ist, das gesetzgeberisch denkbare Ziel eines Konkurrenzschutzes der kommunalen Sparkassen zu erreichen.

IV. Verletzung des Gleichheitssatzes gemäß Art. 3 Abs. 1 GG

Die bisherigen Untersuchungen haben gezeigt, daß die Unterwerfung der Freien Sparkassen unter das für die kommunalen Sparkassen geltende Regionalprinzip sowohl mit Art. 14 Abs. 1 als auch mit Art. 12 Abs. 1 GG unvereinbar wäre.

Die folgenden Ausführungen gehen der im zweiten Teil gestellten weiter gefaßten Frage nach, ob die Frankfurter Sparkasse von 1822 den kommunalen Sparkassen gleichgestellt werden kann. Die Frage ist ein Problem des Gleichheitssatzes gemäß Art. 3 Abs. 1 GG. Sie ist auf der

IV. Verletzung des Gleichheitssatzes gemäß Art. 3 Abs. 1 GG

Grundlage der Rechtsprechung des *Bundesverfassungsgerichts* zu beantworten.

Die Prüfung von Gleichheitsverstößen gehört nicht nur quantitativ, sondern auch qualitativ zu den zentralen Problemen der bundesverfassungsgerichtlichen Rechtsprechung. Es kann in den folgenden Erwägungen nicht darum gehen, zunächst aus Lehre und Judikatur eine Theorie des allgemeinen Gleichheitssatzes herauszufiltern, um diese Theorie im Sinne einer Entscheidungsprognose auf die hier gestellte Rechtsfrage anzuwenden. Entscheidend kommt es darauf an, wie das *Bundesverfassungsgericht* selbst, welches in der vorliegenden Rechtsfrage das letzte Wort sprechen würde, den Gleichheitssatz versteht und anwendet. Insoweit ergibt sich schon bei einem groben Überblick über das Rechtsprechungsmaterial[67], daß den Entscheidungen des *Bundesverfassungsgerichts* weder eine in sich geschlossene Gleichheitstheorie zugrunde liegt noch ein einheitliches Anwendungsschema praktiziert wird. Vielmehr ist die Rechtsprechungspraxis so zu charakterisieren, daß Prüfungen von Gleichheitsverstößen im allgemeinen mit hochabstrakten Formeln zum Gleichheitsprinzip beginnen, um dann sehr schnell beim Willkürverbot zu landen und in eine fallnahe Prüfung konkreter Sachverhalte einzumünden. Eine gewisse „Rationalisierung" und Konkretisierung des Entscheidungsprozesses findet dabei statt durch den Rückgriff auf mit dem Gleichheitssatz verzahnte Freiheitsrechte und Verfassungsprinzipien und durch die Etablierung von Argumentationsfiguren und Topoi wie beispielsweise der Systemgerechtigkeit.

Die folgenden Überlegungen gehen dahin, solche Anwendungsmuster der bundesverfassungsgerichtlichen Rechtsprechung auf den vorliegenden Streitfall zu übertragen und zu erproben. Daß die verschiedenen Prüfungsansätze hierbei nicht isoliert voneinander gesehen werden dürfen, sondern verschiedene Blickpunkte ein und desselben Verfassungsartikels darstellen, bedarf keiner besonderen Hervorhebung. Zuvor gilt es jedoch, in wenigen Sätzen Rechtscharakter und Inhalt des Gleichheitssatzes zu erläutern.

1. Rechtscharakter des Gleichheitssatzes

a) Der Gleichheitssatz als Grundrecht

Der Gleichheitssatz ist, wie sich schon aus seiner Stellung im System des Grundgesetzes ergibt, als ein Grundrecht des einzelnen Bürgers konzipiert und garantiert[68]. Insoweit erzeugt Art. 3 Abs. 1 GG Gebote

---
[67] Vgl. *Leibholz/Rinck*, Grundgesetz, Kommentar an Hand der Rechtsprechung des Bundesverfassungsgerichts, 5. Aufl. 1975, Erl. zu Art. 3.
[68] Vgl. z. B. *von Mangoldt/Klein*, Das Bonner Grundgesetz, Kommentar, 2. Aufl. 1966, Band I, S. 194; BVerfGE 34, 139 (146).

und Verbote an den Staat, die im Sinne subjektiv-öffentlicher Rechte des einzelnen geltend gemacht werden können. Hierbei ist bekanntlich das *Bundesverfassungsgericht* im Numerus-clausus-Urteil sogar so weit gegangen, Art. 3 Abs. 1 GG zur Stützung von Leistungsansprüchen gegen den Staat heranzuziehen.

b) Der Gleichheitssatz als allgemeiner Verfassungsgrundsatz

Das *Bundesverfassungsgericht* hat von Anfang an in ständiger Rechtsprechung betont, daß der Gleichheitssatz seine verfassungsrechtliche Bedeutung nicht nur als Grundrecht entfaltet, sondern daß er auch „als selbstverständlicher ungeschriebener Verfassungsgrundsatz in allen Rechtsbereichen" gilt[69]. Insoweit wird der Gleichheitssatz „als allgemeines rechtsstaatliches Prinzip" und als „fundamentaler objektiver Verfassungssatz" gedeutet[70]. Als objektives Verfassungsprinzip begrenzt er die legislative Gewalt in gleicher Weise wie die Grundrechte. Insbesondere fungieren objektive Verfassungssätze auch im Rahmen einer Normenkontrolle als Prüfungsmaßstäbe.

2. Inhalt und Anwendung des Gleichheitssatzes

a) Gleichheitssatz als Willkürverbot

Soweit der Gleichheitssatz bei der Normenkontrolle, also gegen den Gesetzgeber eingesetzt wird, wirkt er in der Rechtsprechung des *Bundesverfassungsgerichts* in erster Linie als Willkürverbot. Insoweit enthält er für den Gesetzgeber die allgemeine Weisung, bei steter Orientierung am Gerechtigkeitsgedanken Gleiches gleich, Ungleiches seiner Eigenart verschieden zu behandeln[71]. Danach ist der Gleichheitssatz verletzt, wenn sich ein vernünftiger, aus der Natur der Sache sich ergebender oder sonstwie einleuchtender Grund für die gesetzliche Differenzierung nicht finden läßt, anders gesagt, wenn die betreffende Gesetzesbestimmung als willkürlich bezeichnet werden muß[72].

Da der allgemeine Gleichheitssatz des Art. 3 Abs. 1 GG selbst keine Vergleichskriterien liefert, führt eine Gleichheitsprüfung unmittelbar zur Prüfung der (objektiven) Vernunft des Gesetzgebers. Damit mündet die Normenkontrolle am Gleichheitssatz in die Problematik legislativer Gestaltungsfreiheit und die Kontrollweite des *Bundesverfassungsgerichts*, die im Prinzip restriktiv aufgefaßt und praktiziert wird. Das

---

[69] Vgl. z. B. *BVerfGE* 35, 264 (272).
[70] Vgl. *BVerfGE* 6, 84 (91); 23, 353 (373); 25, 198 (205); 26, 172 (185); 26, 228 (244); 34, 139 (146).
[71] *BVerfGE* 3, 135 f.; ferner 9, 244; 18, 46.
[72] *BVerfGE* 1, 14 (52); 33, 367 (384); 36, 174 (187); 40, 110 (115 f.); ständige Rechtsprechung.

IV. Verletzung des Gleichheitssatzes gemäß Art. 3 Abs. 1 GG

Bundesverfassungsgericht prüft danach prinzipiell nicht, ob der Gesetzgeber die zweckmäßigste, vernünftigste, angemessenste oder gerechteste Lösung gefunden hat[73]. Vielmehr prüft das Gericht nur, ob die äußersten Grenzen des vom Willkürverbot eingegrenzten Bereichs überschritten sind. Gelegentlich wird sogar darauf abgestellt, ob die vom Gesetzgeber veranlaßte „Unsachlichkeit der getroffenen Regelung evident" war[74]. „Welche Elemente der zu ordnenden Lebensverhältnisse maßgebend dafür sind, sie im Recht als gleich oder ungleich zu behandeln, entscheidet grundsätzlich der Gesetzgeber[75]."

In einigen Entscheidungen jedoch nimmt das Gericht auch unter den Topoi der „Systemgerechtigkeit" und der „Sachgerechtigkeit" eine strengere Prüfung vor.

b) Konkretisierende Ausprägungen des Gleichheitssatzes

Als Willkürverbot bleibt der Gleichheitssatz von der Substanz her gesehen letztlich eine Leerformel. Er schrumpft als Prüfungsmaßstab im Normenkontrollverfahren insoweit zu einer Argumentationslast, zu einer *Rechtfertigungspflicht für den Gesetzgeber*, die diesen zwingt, seine „Vernunft des Gesetzes" zu offenbaren und zu verifizieren[76].

Obgleich man diese Argumentationslast, worauf *Dürig* mit Recht hinweist, nicht unterschätzen sollte, liegt sie doch mehr oder weniger außerhalb des eigentlichen Normenkontrollvorgangs, der seine ratio selbst nur in vorgegebenen Vergleichsmaßstäben finden kann.

Insoweit ist bemerkenswert, daß das *Bundesverfassungsgericht* im Laufe der Zeit die „Maßstablosigkeit" des allgemeinen Gleichheitssatzes zunehmend durch den Rückgriff auf objektive Verfassungsprinzipien und Wertentscheidungen des Grundgesetzes kompensiert hat, indem es diese Prinzipien und Wertentscheidungen in die Gleichheitsprüfung hineinprojiziert und an ihnen die (objektive) Vernunft des Gesetzes mißt. Seine kontrollierende Kraft empfängt der allgemeine Gleichheitssatz also in erster Linie von außerhalb seiner selbst, nämlich aus dem Ganzen der Verfassungsordnung.

Auf diese Weise gewinnt die Gleichheitsprüfung griffigere Konturen. Der allgemeine Gleichheitssatz wird also nicht nur durch spezielle Differenzierungsverbote, wie sie in Art. 3 Abs. 2 und Abs. 3, 33 Abs. 2 GG und anderen Verfassungsartikeln zum Ausdruck kommen, konkret aus-

---

[73] Z. B. *BVerfGE* 9, 201 (206); 14, 221 (238 f.); 17, 319 (330); 18, 315 (325); zuletzt etwa 38, 154 (166); ständige Rechtsprechung.
[74] *BVerfGE* 12, 326 (333); 18, 121 (124).
[75] *BVerfGE* 3, 225 (240); 6, 273 (280); 17, 381 (388); 25, 371 (400); 27, 367 (370); 31, 119 (134); 38, 1 (17); 38, 154 (166).
[76] Vgl. *Dürig* bei Maunz/Dürig/Herzog/Scholz, Grundgesetz, Kommentar, Art. 3 I Rdnr. 318.

geformt, sondern auch durch seine Interdependenz mit den übrigen Grundentscheidungen der Verfassung substantiell aufgefüllt[77]. So hat das *Bundesverfassungsgericht* auch die Freiheitsrechte und jene Bereiche, die nach dem Grundgesetz einen besonderen Schutz genießen, reflektierend in die Gleichheitsprüfung einbezogen[78].

c) Systemgerechtigkeit als Gleichheitsgebot

Eine besondere Bedeutung im Zusammenhang mit der Konkretisierung und Anwendung des Gleichheitssatzes kommt dem Topos der Systemgerechtigkeit zu. Er spielt nicht nur in der Rechtsprechung des *Bundesverfassungsgerichts*[79], sondern auch in der Verfassungsrechtsprechung der Länder eine maßgebliche Rolle[80].

In dem Gedanken der Systemgerechtigkeit fließen mehrere Ansätze zu einer Rationalisierung des Gleichheitssatzes zusammen. Bestimmend ist insbesondere die Vorstellung, den Gesetzgeber in konkreten Ordnungbereichen an von ihm selbst gewählte und konturierte Ordnungskonzeptionen zu binden und zu zwingen, in seiner Normierung konsequent und sich selbst treu zu bleiben. Auf diese Weise werden der einfachgesetzlichen Rechtsordnung Konzeptionen und Ordnungsmodelle entnommen, die in ihrer Grundstruktur als Maßstäbe mit verfassungsrechtlicher Relevanz bei der Gleichheitsprüfung dem Gesetzgeber selbst wieder entgegengehalten werden können. Ob, in welcher Weise und mit welcher Nachhaltigkeit solche legislativen Selbstbindungen ausgelöst werden, ist gewiß das Hauptthema der Systemgerechtigkeit. Darüber hinaus ist aber — jedenfalls in einem weiteren Sinne — auch die thematische Brücke zu dem schon erwähnten Gedanken geschlagen, daß der Gleichheitssatz seine Substanz ebenfalls aus dem grundgesetzlichen Wertsystem der Grundrechte empfängt und auch insoweit Systemgerechtigkeit als Ausprägung des Gleichheitssatzes verstanden werden muß. Anders gesprochen: Differenzierungen des (einfachen) Gesetzgebers, die das System der Freiheitsgrundrechte durchbrechen, sind per se auch Verletzungen des allgemeinen Gleichheitssatzes. Denn dieser Verfassungssatz ist kein Freibrief für eine allgemeine Nivellierung, nicht nur ein Differenzierungs*verbot*, sondern dort, wo grundgesetzlich vorgegebene Systemunterschiede bestehen, auch zugleich ein Differenzierungs*gebot*.

---

[77] Vgl. die Nachweise bei *Leibholz/Rinck*, Grundgesetz, Kommentar an Hand der Rechtsprechung des Bundesverfassungsgerichts, 5. Aufl. 1975, Art. 3 Anm. 6 ff.

[78] Vgl. BVerfGE 36, 321 (330); 39, 316 (326).

[79] Vgl. BVerfGE 9, 20 (28); 13, 331 (340); 17, 122 (132); 18, 315 (334); 30, 250 (270); 34, 103 (115); 36, 383 (392); 40, 109 (120).

[80] Vgl. *Christoph Degenhart*, Systemgerechtigkeit und Selbstbindung des Gesetzgebers als Verfassungspostulat, 1976.

d) Anwendung

Eine Gleichstellung der Freien Sparkassen mit den kommunalen Sparkassen wäre sowohl eine Verletzung des grundgesetzlichen Willkürverbotes als auch eine Mißachtung des Prinzips der Systemgerechtigkeit und deshalb wegen Verstoßes gegen Art. 3 Abs. 1 GG verfassungswidrig.

aa) Ein Verstoß gegen das Willkürverbot liegt immer dann vor, wenn sich für eine gesetzlich vorgesehene Differenzierung oder eine gesetzlich vorgesehene Egalisierung kein hinreichender sachlicher Grund feststellen läßt. Wie schon in früherem Zusammenhang dargetan ist das einzig denkbare Motiv für eine Gleichstellung der Freien Sparkassen mit den kommunalen Sparkassen in einem Konkurrenzschutz zu erblicken. Ein solcher Grund ist aber, wie ebenfalls bereits nachgewiesen, a limine nicht legitim[81] und deshalb unsachlich im Sinne des Gleichheitssatzes.

bb) Eine Gleichstellung der Freien Sparkassen mit den kommunalen Sparkassen wäre auch „systemwidrig" in dem Sinne, daß sie die vorgegebene grundgesetzliche Freiheitsordnung mißachten würde.

Der erste Teil dieser Untersuchung hat gezeigt, daß zwischen den Freien und kommunalen Sparkassen grundlegende Unterschiede bestehen. Die kommunalen Sparkassen erfüllen kommunale (staatliche) Aufgaben. Sie sind juristische Personen des öffentlichen Rechts und als solche Glieder mittelbarer Kommunalverwaltung, also in den Zusammenhang der kommunalen Selbstverwaltung eingebettet. Die Anbindung an das Muttergemeinwesen findet nicht nur in personellen Verbindungen, sondern namentlich der Gewährträgerhaftung, die die Anstaltslast einschließt, ihren prägnanten und auch praktisch bedeutsamen Ausdruck. — Die Freien Sparkassen sind hingegen Institutionen freier privater Initiative. Ihre Verwurzelung im außerstaatlichen und außerkommunalen, gesellschaftlichen Bereich findet nicht nur durchweg in der privatrechtlichen Rechtsform ihren Ausdruck, sondern sie zeigt sich insbesondere auch darin, daß die Freien Sparkassen — im Gegensatz zu den kommunalen Sparkassen — ungeschmälerten Grundrechtsschutz genießen.

In den kommunalen Sparkassen tritt uns also der daseinsvorsorgende Staat (im weitesten Sinne), in den Freien Sparkassen hingegen der institutionalisierte Bereich privater Initiative der staatsunabhängigen Gesellschaft entgegen. Staatlicher Organisationsbereich, dem die kommunalen Sparkassen angehören, und grundrechtsgeschützter Freiheitsbereich der Privatinitiative sind aber Gegensätze. Diese Gegensätzlich-

---
[81] Vgl. oben III. 2. c).

keiten drücken sich in unterschiedlichen Freiheitsräumen einerseits und staatlichen Bindungen andererseits aus. Wer diese Gegensätzlichkeiten aufheben will, muß zuvor die vorgegebenen Freiheitsräume mit dem ihnen korrespondierenden eigengearteten Rechtsregime beseitigen. Dies bedeutet: er muß das, was die Sparkassen und alle übrigen Banken tun, zum staatlichen Monopol erklären. Eine solche Aufgabenmonopolisierung scheitert jedoch an den unübersteigbaren Schranken des Grundrechts der Berufsfreiheit. Infolgedessen sind die aufgezeigten Gegensätzlichkeiten unaufhebbar und als solche vorgegeben. Der einfache Gesetzgeber kann sie deshalb nicht einfach ignorieren und auf dem kalten Wege einer Egalisierung eine Aufgabenmonopolisierung herbeiführen. Denn eine Gleichstellung von Freien und kommunalen Sparkassen würde praktisch bedeuten, daß die Freien Sparkassen alle essentialia der kommunalen Sparkassen annehmen müßten: also auch die Einbindung in die kommunale Selbstverwaltung, die personelle Öffnung gegenüber dem Muttergemeinwesen, insbesondere dann aber auch die Unterstellung unter die Gewährträgerhaftung der Gemeinde. Eine solche Gleichstellung würde aber zur verfassungswidrigen Vernichtung der Grundrechtsträgerschaft der Freien Sparkassen schlechthin führen.

Daraus folgt ohne weiteres, daß eine Gleichstellung der Freien Sparkassen durch einfaches Gesetz nicht angeordnet werden kann.

cc) *Herstellung neuer Ungleichheit.* Der Gleichheitssatz verbietet schließlich auch, Gleiches ungleich zu behandeln. Genau dies wäre aber die Folge einer Unterwerfung der Frankfurter Sparkasse von 1822 unter das Regionalprinzip. Denn durch eine Unterwerfung würde die Frankfurter Sparkasse von 1822 als privates Kreditinstitut gegenüber den anderen Bankunternehmen der Privatwirtschaft in eine ungleiche Konkurrenzlage gebracht.

3. Ergebnis

Eine Gleichstellung der Freien Sparkassen mit den kommunalen Sparkassen durch Gesetz wäre verfassungswidrig, weil für eine solche Gleichstellung kein hinreichend sachlicher Grund ersichtlich ist und überdies zwischen den Freien und kommunalen Sparkassen ein verfassungsrechtlich vorgegebener grundlegender Unterschied besteht, den der einfache Gesetzgeber zu beachten hat.

V. Gesamtergebnis des Zweiten Teils

1. Für eine gesetzliche Statuierung des Regionalprinzips zu Lasten der Freien Sparkassen wäre nur der Bundesgesetzgeber zuständig. Eine

landesgesetzliche Regelung wäre schon aus Kompetenzgründen verfassungswidrig.

Das Sparkassenwesen gehört zur konkurrierenden Gesetzgebung des Bundes (Art. 74 Nr. 11 GG: „Bankwesen"). Dieser Gesetzgebungskompetenz steht die Gesetzgebungskompetenz der Länder im Kommunalrecht gegenüber, die auch die Zuständigkeit einschließt, Organisationsfragen der kommunalen Sparkassen zu regeln. Üblicherweise wird deshalb im Sparkassenwesen eine Zweiteilung vorgenommen: danach soll die „Geschäftspolitik" zur Kompetenz des Bundes, die „Organisation" dagegen zur Kompetenz der Länder gehören. Dieser Kompetenzstreit berührt die Freien Sparkassen nicht, weil diese unter keinen denkbaren Gesichtspunkten mit der Landeskompetenz des Kommunalrechts in Zusammenhang gebracht werden können. Für die Freien Sparkassen ist demzufolge die genannte Zweiteilung nicht maßgeblich. Die Freien Sparkassen unterstehen vielmehr insgesamt dem Kompetenztitel des Art. 74 Nr. 11 GG. Von diesem Kompetenztitel hat der Bund durch den Erlaß des Gesetzes über das Kreditwesen erschöpfenden Gebrauch gemacht, so daß für die Landesgesetzgeber kein Regelungsraum mehr verbleibt. Die Einführung des Regionalprinzips für die Freien Sparkassen kann demnach allenfalls durch Bundesgesetz erfolgen, soweit nicht materielle Verfassungsnormen einer solchen Regelung schlechthin entgegenstehen.

2. Die gesetzliche Statuierung des Regionalprinzips bedeutet für jene Freien Sparkassen, die bereits außerhalb ihres Hauptsitzes Zweigstellen unterhalten, eine *Enteignung*. Eine solche Enteignung ist nur zulässig, wenn sie dem Wohle der Allgemeinheit dient (Art. 14 Abs. 3 Satz 1 GG). Als Gemeinwohl, welches die gesetzliche Festlegung des Regionalprinzips für die Freien Sparkassen motivieren könnte, ist nur der Schutz der kommunalen Sparkassen vor Konkurrenz ersichtlich. Ein solches legislatives Motiv ist jedoch weder legitim noch gewichtig genug, um eine Enteignung zu rechtfertigen. Überdies ist das Regionalprinzip ungeeignet, die kommunalen Sparkassen von der in der Kreditwirtschaft bestehenden Konkurrenzsituation zu bewahren.

3. Da eine Entscheidung a limine unzulässig ist, bedarf die Frage der Entschädigung gemäß Art. 14 Abs. 3 GG keiner weiteren Behandlung.

4. Das Regionalprinzip würde sich ferner als ein *Eingriff in das Grundrecht der Freiheit der Berufswahl* des Art. 12 Abs. 1 Satz 1 GG darstellen, weil die Unterhaltung von Zweigstellen an anderen Plätzen zum Leitbild des Kreditgewerbes gehört. Da das Regionalprinzip nach seinen Auswirkungen außerhalb des Einflußbereichs der Betroffenen liegt und damit als objektive Zulassungsvoraussetzung gewertet werden muß, ist seine gesetzliche Festlegung verfassungsrechtlich nur zulässig, wenn

dies erforderlich ist zur Abwehr nachweisbarer oder höchstwahrscheinlicher schwerer Gefahren für ein überragendes Gemeinschaftsgut. Diese Voraussetzungen liegen aber ersichtlich nicht vor, so daß die gesetzliche Statuierung des Regionalprinzips verfassungswidrig wäre.

Selbst wenn man die gesetzliche Festlegung des Regionalprinzips (lediglich) als eine Regelung der Berufs*ausübung* qualifizieren wollte, wären wegen der Nähe zur Berufswahl besonders gewichtige Gründe des Gemeinwohls notwendig, um seine Normierung zu rechtfertigen.

Die Festlegung des Regionalprinzips scheitert überdies daran, daß es nicht geeignet wäre, das gesetzgeberisch denkbare Ziel eines Konkurrenzschutzes der kommunalen Sparkassen zu erreichen.

5. Eine Gleichstellung der Freien Sparkassen mit den kommunalen Sparkassen durch Gesetz wäre verfassungswidrig, weil für eine solche Gleichstellung kein hinreichend sachlicher Grund ersichtlich ist und überdies zwischen den Freien und kommunalen Sparkassen ein verfassungsrechtlich vorgegebener grundlegender Unterschied besteht, den der (einfache) Gesetzgeber zu beachten hat.

Printed by Libri Plureos GmbH
in Hamburg, Germany